学級担任のための国語資料集

短文・長文・PISA型の力がつく

まるごと読解力 説明文・詩

企画・編集　原田善造

小学3年

本書の特色

五社の教科書の説明文と詩をまるごと掲載

光村図書、東京書籍、教育出版、学校図書、大阪書籍の五社の教科書の説明文と詩を掲載しました。五社の教科書の作品がまるごと掲載されていて、たいへん充実した内容になっています。

読解力［思考力・表現力・活用力］の向上に最適のワークシート集　授業中の発問の例としても使える
教科書・全国学力テスト問題・ＯＥＣＤの学力調査（ＰＩＳＡ）やフィンランドの教育方法なども参考に作成

本書を執筆するにあたり、まず、光村図書、東京書籍、教育出版、学校図書、大阪書籍の五社の教科書の説明文と詩を研究しました。さらに、全国学力テストの活用問題やＯＥＣＤの学力調査（ＰＩＳＡ）の読解力問題・フィンランドの教育方法なども参考に、現場の先生方の知恵を借りながら、日本の子どもたちに適した問題を作成しました。

読み取る力や思考力を問う問題と、表現力・活用力を問う問題をバランスよく掲載していますので、本書の活用により、子どもたちに豊かな読解力［思考力・表現力・活用力］が飛躍的に身につきます。

限られた授業時間の中でがんばっておられる、忙しい現場の先生方に最適な読解力ワークシート

教科書の作品を全部教えるにも授業時間が足りないのが日本の教育現場の実情だといわれています。

本書は、教科書の作品に限って掲載しています。教科書以外の問題を作っても、その問題の作品を教えるのに、とても時間がかかってしまいます。また、教科書以外の作品では、その学年の児童の発達段階に適しているかどうかわかりません。

そこで、本書では何よりも教科書の作品をよく研究し、読解力［思考力・表現力・活用力］向上のための充実した問題を、短文・長文・全文の三部構成で作成しました。

授業の中での活用はもちろん、短時間の朝勉強やテスト・宿題等、いろいろな場面で、いろいろな時間の長さで活用できるので、忙しい中でがんばっておられる先生方にはピッタリのワークシートです。

本書の使い方

短文読解のページ

日々の授業や朝学習や宿題等に使えるよう、一つの説明文を何ページかにわたって短く掲載しています。短時間でできますのでぜひご活用下さい。

読解力[思考力・表現力・活用力]を豊かに形成するためには、たくさんの作品に接することも大切ですので、学校で採択されていない他社の教科書の作品もぜひご活用下さい。

長文読解のページ

小学校であつかう一般的なテスト等と同じ長さの問題を掲載しています。テストや授業や宿題等、いろいろな場面で活用して下さい。

全文読解のページ

作品が長いときは何ページかにわたって全文が掲載されています。例えば、全文が2ページの作品の場合、はじめの一枚目のワークシートは、1ページ目の作品から出題されていますが、二枚目のワークシートは、1ページ・2ページの全文から出題されています。

また、作品は2ページ以上なのに一枚しかワークシートがない場合も、全文から出題されています。どの範囲から出題されているかは、ワークシートに書いてありますので、その範囲の作品のページをご使用下さい。

詩のページ

詩は原則、上段に詩があり、下段に問題が掲載されています。

詩は、読解力だけでなく、ワークシートの上半分の詩の部分だけを暗唱に使ったり、視写に使ったりできるようになっています。詩を口ずさむことができると、感受性なども豊かになります。ぜひ様々な方法でご活用下さい。

豊かなイラスト

子どもたちのイマジネーションをふくらませる、豊かなイラストが掲載されています。説明文のワークシートには、イラストと本文の関係を問う問題もありますので、是非、イラストにも着目させて下さい。

解答のページ

本書の解答例は、あくまで一つの解答例です。国語の教材は、子どもによってイメージの仕方や、問題の受け止め方が多様であり、これだけが正解ということは絶対にありません。子どもの表現が少々違っていても、文意が合っていれば必ず○をしてあげて下さい。「思ったこと」「考えたこと」などは様々なとらえ方がありますので、解答例を省略している場合があります。児童の思いをよく聞いて、あくまでも子どもの考えに寄りそった○つけをお願い致します。

短文読解力問題

長文読解力問題

全文読解力問題

詩

解答

【光】…光村図書　【東】…東京書籍　【教】…教育出版　【学】…学校図書　【大】…大阪書籍

授業の発問事例・宿題
読解練習・朝学習等に使える

短文読解力問題

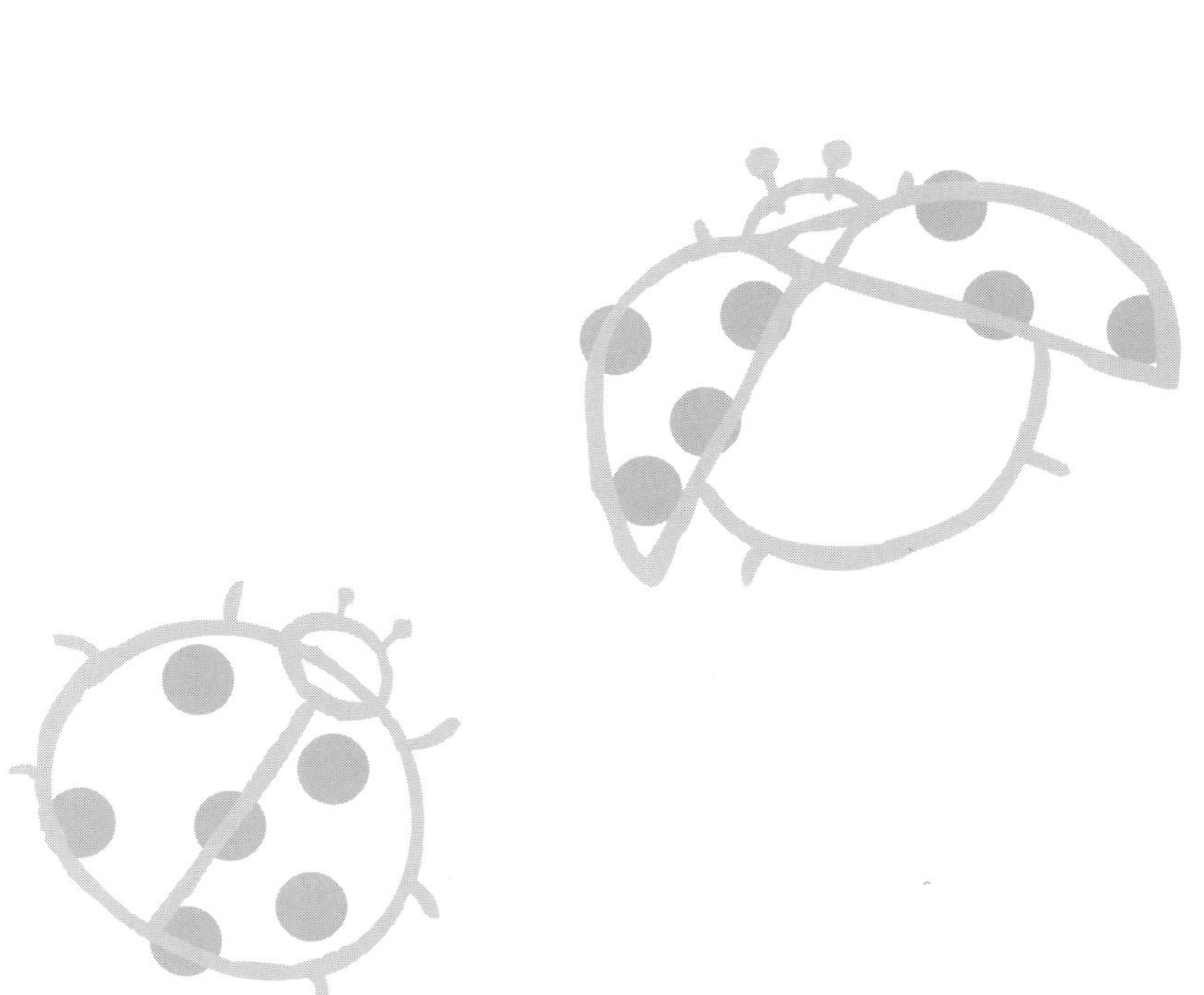

ありの行列(1)

名前［　　　　　　　　　　　　］

夏になると、庭のすみなどで、ありの行列をよく見かけます。その行列は、ありの巣(す)から、えさのある所まで、ずっとつづいています。ありは、ものがよく見えません。①それなのに、なぜ、ありの行列ができるのでしょうか。

アメリカに、ウィルソンという学者がいます。②この人は、次のような実験(けん)をして、ありの様子をかんさつしました。

（光村図書　国語3年（上）わかば　大滝(おおたき)　哲也(てつや)）

上の文章を読んで、答えましょう。

(一) ありの行列は、どこからどこまで、ずっとつづいていますか。（　）に言葉を書きましょう。

（　　　　）から（　　　　）まで

(二) ①それなのにの「それ」とは、どういうことをさしていますか。上の文からぬき書きしましょう。

（　　　　　　　　）

(三) ②この人とは、だれですか。

（　　　　　　　　）

ありの行列(2)

名前［　　　　　　　　］

はじめに、ありの巣(す)から少しはなれた所に、ひとつまみのさとうをおきました。［　あ　］、一ぴきのありが、そのさとうを見つけました。これは、えさをさがすために、外に出ていたはたらきありです。ありは、やがて、巣に帰っていきました。すると、巣の中から、たくさんのはたらきありが、次々と出てきました。そして、列を作って、さとうの所まで行きました。［　い　］、その行列は、はじめのありが巣に帰るときに通った道すじから、外れていないのです。

（光村図書　国語3年（上）わかば　大滝(おおたき)哲也(てつや)）

上の文章を読んで、答えましょう。

（一）上の実けんで、はじめに、ひとつまみのさとうをおいたのは、どこですか。

（　　　　　　　　）

（二）はじめに、さとうを見つけたありは、次のどちらですか。○をつけましょう。

（　）一ぴきのあり

（　）たくさんのはたらきあり

（三）あ・いに当てはまる言葉を［　］よりえらんで、□に書きましょう。

あ［　　　　］

い［　　　　］

ところが・しかし・しばらくすると
ふしぎなことに・こまったことに
幸いなことに

（四）上の実けんから、たくさんのはたらきありがさとうの所まで行く行列について、わかったことを書きましょう。

（　　　　　　　　）

ありの行列(3)

名前［　　　　　　　　　　］

次に、この道すじに大きな石をおいて、ありの行く手をさえぎってみました。すると、ありの行列は、石の所でみだれて、ちりぢりになってしまいました。ようやく、一ぴきのありが、石のむこうがわに道のつづきを見つけました。そして、さとうにむかって進んでいきました。そのうちに、ほかのありたちも、一ぴき二ひきと道を見つけて歩きだしました。まただんだんに、ありの行列ができていきました。目的(てき)地に着くと、ありは、さとうのつぶをもって、巣(す)に帰っていきました。帰るときも、行列の道すじはかわりません。ありの行列は、さとうのかたまりがなくなるまでつづきました。

（光村図書　国語3年（上）わかば　大滝(おおたき)哲也(てつや)）

上の文章を読んで、答えましょう。

(一)　次に、ウイルソンは、ありの行列について調べるために、どんなことをしましたか。

（　　　　　　　　）

(二)　(一)のことをすると、ありの行列はどうなりましたか。

（　　　　　　　　）

(三)　ありは目的地に着くと、何をしましたか。

（　　　　　　　　）

(四)　次の文で、正しいものに○を、そうでないものに×をつけましょう。

（　）ちりぢりにみだれたありの行列は、ようやく目的地に着き、帰りの道すじはかわる。

（　）ちりぢりになったありの行列は、またしだいにできていき、さとうがなくなるまでつづいた。

（　）ちりぢりになったありの行列は、みだれてしまい、また、ちがう道に行列ができる。

(五)　ありの行列は、いつまでつづきましたか。

（　　　　　　　　）

ありの行列(4)

名前［　　　　　　　　　　］

これらのかんさつから、ウィルソンは、はたらきありが、地面に何か道しるべになるものをつけておいたのではないか、と考えました。

①［　　］、ウィルソンは、はたらきありの体の仕組みを、細かに研究してみました。②［　　］、ありは、おしりの所から、あとくべつのえきを出すことが分かりました。それは、においのある、じょうはつしやすいえきです。

この研究から、ウィルソンは、ありの行列のできるわけを知ることができました。

（光村図書　国語3年（上）わかば　大滝　哲也）

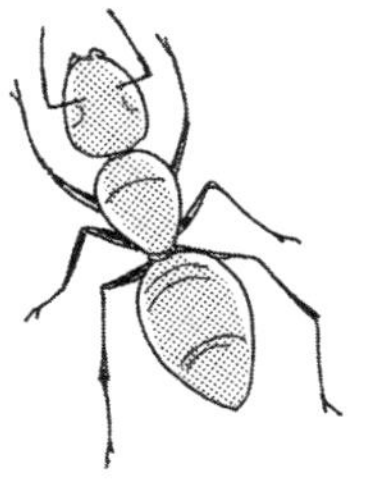

上の文章を読んで、答えましょう。

（一）これらのかんさつから、ウィルソンがはたらきありについて、考えたことを書きましょう。

（　　　　　　　　　　）

（二）（一）のことをたしかめるために、ウィルソンは何を研究しましたか。

（　　　　　　　　　　）

（三）研究で分かったことは、どんなことですか。

（　　　　　　　　　　）

（四）あとくべつのえきとは、どのようなえきのことですか。

（　　　　　　　　　　）

（五）①と②に当てはまる言葉を［　］の中からえらんで、文中の［　］に書き入れましょう。

けれども・すると・なぜなら・そこで

ありの行列(5)

名前［　　　　　　］

はたらきありは、えさを見つけると、Ⓐ道しるべとして、地面にこのえきをつけながら帰るのです。ほかのはたらきありたちは、Ⓘそのにおいをかいで、においにそって歩いていきます。そして、そのはたらきありたちも、えさをもって帰るときに、同じように、えきを地面につけながら歩くのです。そのため、えさが多いほど、においが強くなります。

(光村図書　国語3年(上)　わかば　大滝哲也)

上の文章を読んで、答えましょう。

(一) はたらきありは、えさを見つけると、何をしながら帰りますか。

（　　　　　　　　　　）

(二) Ⓐ道しるべとは、何ですか。次の文の（　）に○をしましょう。

（　）道ばたにあるじぞうさま

（　）道のかどにあるしんごう

（　）行く道がわかるためのしるし

(三) Ⓘそのは、何をさしていますか。

（　　　　　　　　　　）

(四) えさが多いほど、においが強くなるのは、どうしてですか。

（　　　　　　　　　　）

ありの行列(6)

名前［　　　　　　　　］

このように、においをたどって、えさの所へ行ったり、巣(す)に帰ったりするので、ありの行列ができるというわけです。

このえきのにおいは、ありのしゅるいによってちがうことも分かりました。それで、ちがったしゅるいのありの道しるべが交わっていても、けっしてまようことがなく、行列がつづいていくのです。

（光村図書　国語3年（上）わかば　大滝(おおたき)　哲せ(てつや)）

上の文章を読んで、答えましょう。

(一)　ありの行列ができるわけを書きましょう。

（　　　　　　　　）

(二)　ちがったしゅるいのありの道しるべが交わっても、まよわないで、行列がつづくのはなぜですか。

（　　　　　　　　）

分類(るい)(1)

名前［　　　　　　　　　　］

いろいろあるものを、同じとくちょうをもつものどうしまとめて、全体をいくつかの集まりに分けることを、「分類(るい)」といいます。

スーパーマーケットに行くと、やさいがおいてある所、おかしがおいてある所というように、売り場が分かれているのに気づきます。ア これは、お客さんが買う物を見つけやすいように、商品をとくちょうによって分類しているのです。

（光村図書　国語3年（上）　わかば）

上の文章を読んで、答えましょう。

(一) (　)に合う言葉を書き入れ、「分類」について、まとめましょう。

いろいろあるものを、その中の同じ(　　　　)をもつものどうしまとめて、全体をいくつかの(　　　　)に分けることを、(　　　　)といいます。

(二) ① スーパーマーケットには、どのような売り場がありますか。上の文から二つ書きましょう。

(　　　　)

(　　　　)

② スーパーマーケットでは、商品をそのとくちょうで分類しています。それは何のためですか。

(　　　　)

(三) ア これは、何をさしていますか。

(　　　　)

分類(るい)(2)

名前〔　　　　　　　　〕

わたしたち自身も、気づかないうちに、生活の中で分類(るい)をしています。つくえやたんすに引き出しがいくつかあれば、ここには何を入れ、ここには何を入れると決めていませんか。ア それが分類です。

「同じとくちょうをもつ」といっても、もののとくちょうは一つとはかぎりません。どのとくちょうに イ を向けるかがちがえば、ウ のしかたもちがってきます。

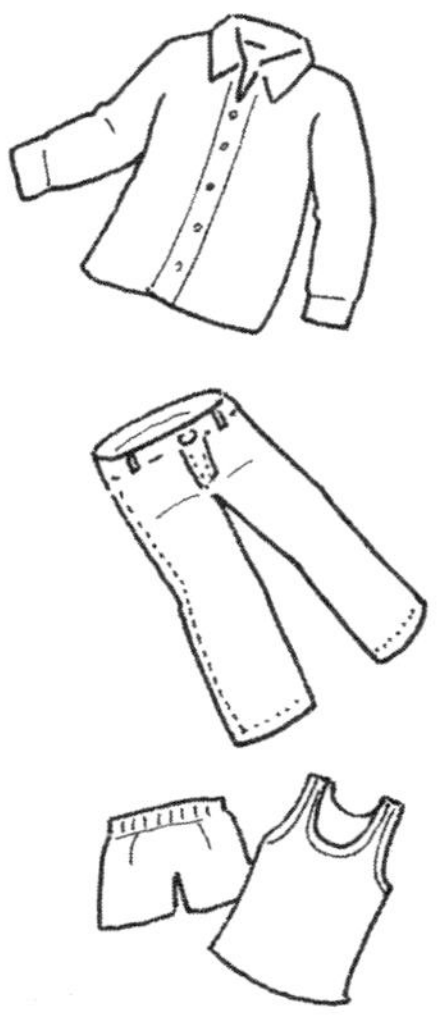

(光村図書　国語3年（上）わかば)

上の文章を読んで、答えましょう。

(一) わたしたちが、気づかないうちに、生活の中で分類をしているのは、どんなことですか。

〔　　　　　　　　〕

(二) ア それは、何をさしていますか。

〔　　　　　　　　〕

(三) イ・ウの□に当てはまるものを、[　]よりえらんで書きましょう。

イ □

[手・目・足]

ウ □

[分類・種類(しゅるい)・とくちょう]

分類（3）

名前［　　　　　　　　］

たとえば、衣類を入れるたんすの引き出しを、お兄さん・お姉さん・あなたの三人で使うとします。お兄さんが着るもの、お姉さんが着るもの、あなたが着るものという分け方をしたら、それは、衣類を「だれが着るものか」というとくちょうで分類したことになります。でも、シャツとブラウス、ズボンとスカート、はだ着という分け方にしたら、それは、衣類を「どのように着るものか」というとくちょうで分類したことになります。

（光村図書　国語3年（上）　わかば）

上の文章を読んで、答えましょう。

（一）　たんすの引き出しについて、次の ア イ ウ のように分けたら、それはどんなとくちょうで分類したことになるのでしょう。「　」に書きましょう。

①
- ア お兄さんが着るもの
- イ お姉さんが着るもの
- ウ わたしが着るもの

→「　　　　　　」

②
- ア シャツとブラウス
- イ ズボンとスカート
- ウ はだ着

→「　　　　　　」

（二）　（一）の①の分類と②の分類で、次の衣類を分けて（　）に ア イ ウ の記号を書きましょう。

〔例　わたしのブラウス　①の分類（ウ）　②の分類（ア）〕

問1　お姉さんのスカート　①の分類（　　）　②の分類（　　）

問2　お兄さんのパンツ　①の分類（　　）　②の分類（　　）

分類（るい）(4)

名前［　　　　　　　　　］

　また、一度分類（るい）したものも、その中でまた、べつのとくちょうに目をつければ、もっと細かく分けることができます。
　たとえば、お兄さん・お姉さん・あなたで引き出しを一度分けたとします。その後で、あなたが自分で引き出しの中を区切って、はだ着とそうでないものに分けたり、上半身に着るものと下半身に着るものに分けたりすることもできます。

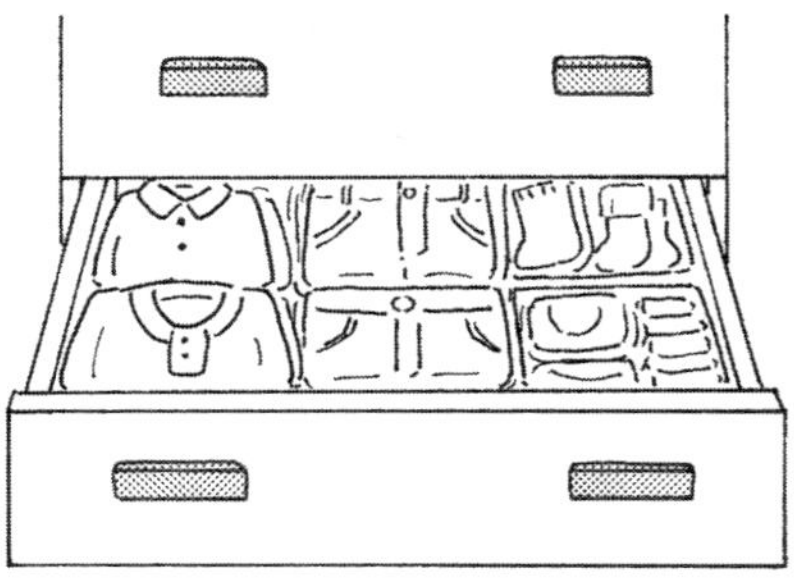

（光村図書　国語3年（上）わかば）

上の文章を読んで、答えましょう。

(一) 分類したものを、もっと細かく分けるために、どのようにするとよいですか。

（　　　　　　　　　　）

(二) 次の①～③は、どのようなとくちょうで分類したのか、□の中に［　］からえらんで言葉を入れましょう。

① お兄さん／お姉さん／わたし → 「□着るものか」で分類している

② はだ着／そうでないもの → 「□着るものか」で分類している

③ 上半身に着るもの／下半身に着るもの → 「□着るものか」で分類している

［どのように　・　だれが］

分類(るい)(5)

名前［　　　　］

　分類(るい)は、何かをしたり考えたりするとき、とても役に立ちます。また、分類しようとして考えているうちに、それまで気づかなかったとくちょうを見つけたり、分け始めてから、どのグループにも当てはまらないものを発見したりすることもあります。［ア］、分類のしかたには、どのとくちょうに目を向けたかという、分類した人のものの見方や考え方が表れることもおもしろいですね。

上の文章を読んで、答えましょう。

(一)　分類しようとして考えているうちに、どんなことを見つけたり、発見したりすることがありますか。二つ書きましょう。

（　　　　）（　　　　）

(二)　分類のしかたには、何が表れると言っていますか。

（　　　　）

(三)　［ア］に当てはまる言葉を［　］の中からえらんで（　）に書きましょう。

（　　　　）

でも・それに・しかし

すがたをかえる大豆(1)

名前［　　　　　　　　］

わたしたちの毎日の食事には、肉・やさいなど、さまざまなざいりょうが調理されて出てきます。①その中で、ごはんになる米、パンやめん類（るい）になる麦のほかにも、多くの人がほとんど毎日口にしているものがあります。なんだか分かりますか。②それは、大豆です。大豆がそれほど食べられていることは、意外と知られていません。大豆は、いろいろな食品にすがたをかえていることが多いので気づかれないのです。

（光村図書　国語3年（下）あおぞら　国分（こくぶん）牧衛（まきえ））

上の文章を読んで、答えましょう。

(一) 食事のざいりょうの中で、多くの人がほとんど毎日口にしているものには、どのようなものがありますか。三つ書きましょう。

（　　　　）（　　　　）（　　　　）

(二) 次の□に合う言葉を書きましょう。

□は、毎日のように食べられています。それが、意外と知られていないのは、いろいろな□に□をかえていることが多いからです。

(三) ①そのと②それは、何をさしていますか。

①（　　　　）

②（　　　　）

すがたを かえる大豆(2)

名前［　　　　］

大豆は、ダイズという植物のたねです。えだについたさやの中に、二つか三つのたねが入っています。ダイズが十分に育つと、さやの中のたねはかたくなります。①これが、わたしたちが知っている大豆です。かたい大豆は、そのままでは食べにくく、消化もよくありません。そのため、いろいろ手をくわえて、おいしく食べるくふうをしています。

（光村図書　国語3年（下）あおぞら　国分牧衛）

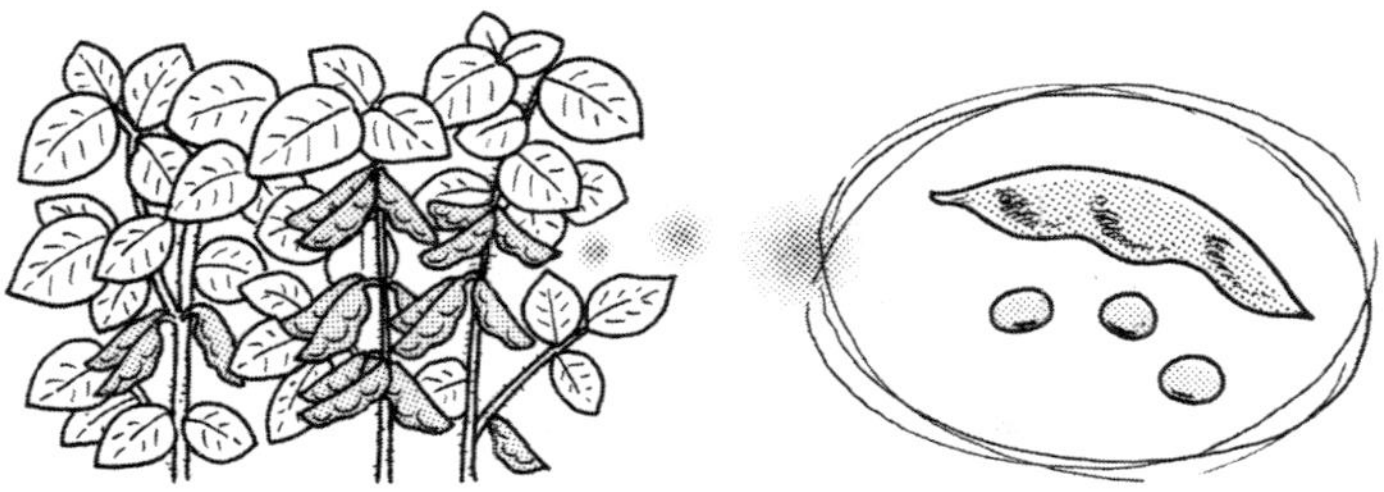

上の文章を読んで、答えましょう。

(一) 大豆とは何ですか。

（　　　　）

(二) ダイズが十分に育つと、さやの中のたねは、どうなりますか。

（　　　　）

(三) ①これとは、何をさしますか。当てはまる文をぬき出して書きましょう。

（　　　　）

(四) 大豆について、次の文で正しいものに○をつけましょう。

（　）そのままでは食べにくい。
（　）かたくて食べることができない。
（　）そのままでは消化がよくない。
（　）おいしく食べるためにはくふうがいる。
（　）そのまま食べてもおいしい。
（　）さやの中には、二つか三つのたねがある。

すがたをかえる大豆(3)

名前［　　　　　　］

いちばん分かりやすいのは、大豆をその形のままいったり、にたりして、やわらかく、おいしくするくふうです。いると、豆まきに使う豆になります。水につけてやわらかくしてからにると、に豆になります。正月のおせち料理（りょう）に使われる黒豆も、に豆の一つです。に豆には、黒、茶、白など、いろいろな色の大豆が使われます。

（光村図書　国語3年（下）あおぞら　国分（こくぶん）牧衛（まきえ））

上の文章を読んで、答えましょう。

（一）大豆をその形のままいったり、にたりするのは、大豆をどのようにするためですか。

（　　　　　　）

（二）次の□に当てはまる言葉を書き入れましょう。

に豆には、□、□、□など、いろいろな□の□が使われます。

（三）豆まきに使う豆と、に豆の作り方を（　）に書きましょう。

①豆まきに使う豆

（　　　　　　）

②に豆

（　　　　　　）

すがたをかえる大豆(4)

名前［　　　　　　　　　　］

　次に、こなにひいて食べるくふうがあります。もちやだんごにかけるきなこは、大豆をいって、こなにひいたものです。

　また、大豆にふくまれる大切なえいようだけを取り出して、ちがう食品にするくふうもあります。水をいっぱいにすいこんだ大豆をすりつぶすと、白っぽいしるが出てきます。これに水をくわえて熱(ねっ)します。その後、ぬのを使って中身をしぼり出し、かためるためにニガリというものをくわえます。こうすると、とうふができあがります。

(光村図書　国語3年(下)　あおぞら　国分(こくぶん)牧衛(まきえ))

上の文章を読んで、答えましょう。

(一)　上の文には、大豆の食べ方のくふうが書いてあります。どのようなくふうか、二つ書きましょう。

①（　　　　　　　　）

②（　　　　　　　　）

(二)　それぞれのくふうから、何という食べ物ができますか。

①（　　　　）　②（　　　　）

(三)　とうふを作るときに、しぼり出したものをかためるためにくわえるものを何といいますか。

（　　　　）

(四)　とうふを作る順番になるよう、（　）に番号を書きましょう。

（　）ニガリをくわえる。

（　）大豆をすりつぶす。

（　）ぬのを使って中身をしぼり出す。

（　）水をくわえて熱する。

（　）大豆に水をいっぱいすいこませる。

すがたをかえる大豆(5)

名前［　　　　　　］

さらに、目に見えない小さな生物の力をかりて、ちがう食品にするくふう①もあります。ナットウキンの力をかりたのが納豆（なっ）です。むした大豆にナットウキンをくわえ、あたたかい場所に一日近くおいて作ります。コウジカビの力をかりたものが、みそやしょうゆです。みそを作るには、まず、むした米か麦にコウジカビをまぜたものを用意します。それ②と、しおを、にてつぶした大豆にくわえてまぜ合わせます。ふたをして、風通しのよい暗い所に半年から一年の間おいておくと、大豆はみそになります。しょうゆも、よくにた作り方をします。

（光村図書　国語3年（下）　あおぞら　国分（こくぶん）牧衛（まきえ））

上の文章を読んで、答えましょう。

(一) ①くふうとは、どんなくふうですか。

（　　　　　　　　）

(二) 次の食品は、何の力をかりて作りますか。当てはまるものを――でむすびましょう。

納豆　・　　・コウジカビ

みそ　・　　・ナットウキン

しょうゆ　・　　・アオカビ

(三) みそを作る順番になるよう、（　）に番号を書きましょう。□には、当てはまる言葉を書き入れましょう。

（　）むした米か麦に□をまぜたものを用意する。

（　）ふたをして、風通しのよい暗い所におく。

（　）しおを、にてつぶした大豆にくわえてまぜ合わせる。

（　）半年から一年の間おいておく。

(四) ②それは、何をさしていますか。

（　　　　　　　　）

すがたをかえる大豆(6)

名前［　　　　　　　　］

　これらのほかに、とり入れる時期や育て方をくふうした食べ方もあります。ダイズを、まだわかくてやわらかいうちにとり入れ、さやごとゆでて食べるのが、えだ豆です。また、ダイズのたねを、日光に当てずに水だけをやって育てると、もやしができます。

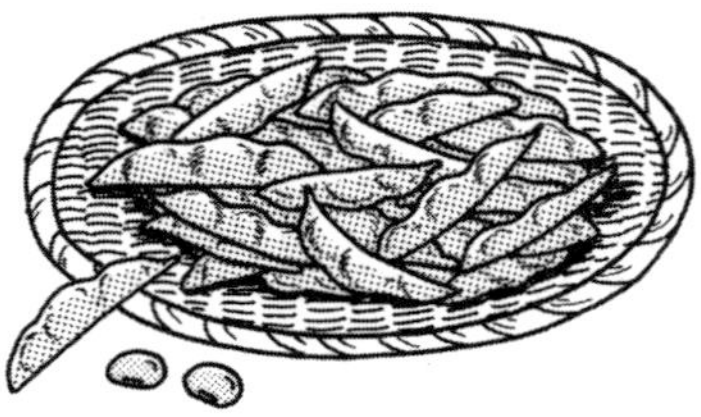

（光村図書　国語3年（下）あおぞら　国分牧衛）

上の文章を読んで、答えましょう。

(一) 次の食品は、ダイズにどんなくふうをして作られますか。［　］の中からえらんで□に記号を書きましょう。

えだ豆―□

もやし―□

ア、育て方のくふう

イ、とり入れる時期のくふう

(二) えだ豆は、ダイズを、どのようにくふうして食べるものですか。

（　　　　　　　　）

(三) もやしは、ダイズのたねを、どのようにくふうして育てたものですか。

（　　　　　　　　）

すがたをかえる大豆(7)

名前［　　　　　　　　］

　このように、大豆はいろいろなすがたで食べられています。ほかの作物にくらべて、こんなに多くの食べ方が考えられたのは、大豆が味もよく、畑の肉といわれるくらいたくさんのえいようをふくんでいるからです。そのうえ、やせた土地にも強く、育てやすいことから、多くの地いきで植えられたためでもあります。
　大豆のよいところに気づき、食事に取り入れてきた昔の人々のちえにおどろかされます。

（光村図書　国語3年（下）あおぞら　国分牧衛）

上の文章を読んで、答えましょう。

（一）　大豆が、ほかの作物にくらべて、多くの食べ方が考えられたわけを、三つ書きましょう。

（　　　　　　）
（　　　　　　）
（　　　　　　）

（二）　次の文の□に当てはまる言葉を書きましょう。

大豆は、いろいろな［　　］で食べられています。
［　　］のよいところに気づき、［　　］に取り入れてきた［　　］の人々の［　　］におどろかされます。

あっとおどろく漢字の話(1)

名前［　　　　］

「休」の話

大昔のことです。畑ではたらいている一人の男がいました。「今年もおいしい麦ができるといいなあ。」そう思いながら、男は、暑い日ざしの下、一生けんめいはたらきました。朝からずっとはたらきどおしで、太陽はもう頭のてっぺんに来ています。「つかれたから、どこかで少し休みたいな。」と、男は思いました。あたりを見回すと、向こうの方に大きな木があります。「あの木の下なら、きっとすずしいぞ。」そう思った男は、木の下に行き、地面にこしを下ろしてみきにもたれました。

「人」が「木」にもたれかかっている様子から、「休」という漢字ができました。

（光村図書　国語3年（下）あおぞら）

上の文章を読んで、答えましょう。

(一) 上の文は、何という漢字についての話ですか。ていねいに書きましょう。

「　　　」

(二) 畑ではたらいている一人の男が思ったことを、三つ書きましょう。

「　　　」

「　　　」

「　　　」

(三) 次の「　」に漢字を書きましょう。

「　」という漢字は、「　」が「　」にもたれかかっている様子からできました。

あっとおどろく漢字の話(2)

名前［　　　　　　　　］

「名」の話

農作物を育てるのは、今も昔も、一年がかりの大仕事です。男は、来る日も来る日も、はたらきました。そのおかげで、今年もりっぱな麦がたくさんできました。見事に実った麦をかり取って、男は家へ帰ります。

帰り道、男は、向こうから人がやって来るのに気づきました。しかし、日がくれてあたりは暗く、それがいったいだれなのか分かりません。そこで、男も、その人も、相手に向かって自分の名前を大きな声でつげました。

太陽がしずみ、まわりがほとんど見えなくなる「夕」方に、人の「口」から出てくるものが、「名」というわけです。

（光村図書　国語3年（下）あおぞら）

上の文章を読んで、答えましょう。

（一）上の文は、何という漢字についての話ですか。ていねいに書きましょう。

「　　　」

（二）

① 男の仕事は、どんなことをすることですか。

（　　　）

② 男は、何の帰り道でしたか。

（　　　）

③ 向こうから来る人がいったいだれなのか分からないのは、どうしてですか。

（　　　）

④ 男が相手に向かって、大きな声で言ったことは何ですか。

（　　　）

（三）次の「　」に漢字を書きましょう。

「　」という漢字は、「　」方に、人の「　」から出てくるもの、ということからできた。

あっとおどろく漢字の話(3)

名前［　　　　　　　　　　］

「自」の話

家に帰ると、もう夕ごはんのしたくができていました。

男には五人の子どもがいました。みんながそろう食事の時間は、とてもにぎやかです。お母さんが、大声でたずねます。

「大もりって言ったのは、だれだったかしら。」

「ぼくだよ。」

いちばん上の男の子が、自分の鼻を指さしながら答えました。

身ぶり手ぶりで自分を表すとき、わたしたちはよく、人さし指を鼻の頭につき立てるしぐさをします。この鼻の頭を正面から見た形から、「自分」の「自」という漢字ができました。

昔の人たちは、生活の中のさまざまな場面から、上手に漢字を作り出したのです。

（光村図書　国語3年（下）あおぞら）

上の文章を読んで、答えましょう。

(一) 上の文は、何という漢字についての話ですか。ていねいに書きましょう。

「　　」

(二) 「ぼくだよ。」と言った男の子は、どんなしぐさをしましたか。

（　　　　　　）

(三) 「自分」の「自」という漢字は、何の形からできましたか。

（　　　　　　）

(四) 次の□に言葉を書きましょう。

昔の人たちは、□の中のさまざまな□から、上手に漢字を作り出した。

自然のかくし絵(1)

名前［　　　　］

木のみきにとまったはずのセミや、草のしげみに下りたはずのバッタを、ふと見うしなうことがあります。

　セミやバッタは、木のみきや草の色と見分けにくい色をしています。まわりの色と見分けにくい体の色は、てきから身をかくすのに役立ちます。このように、身をかくすのに役立つ色のことをほご色といいます。

　コノハチョウの羽は、表はあざやかな青とオレンジ色ですが、うらは、かれ葉のような色をしています。それに、羽をとじたときの形も木の葉そっくりです。ですから、木のえだにとまっていると、えだにのこったかれ葉と見分けがつきません。

　このほかにも、ほご色によって上手に身をかくしているこん虫はたくさんいます。ほご色は、自然のかくし絵だということができるでしょう。

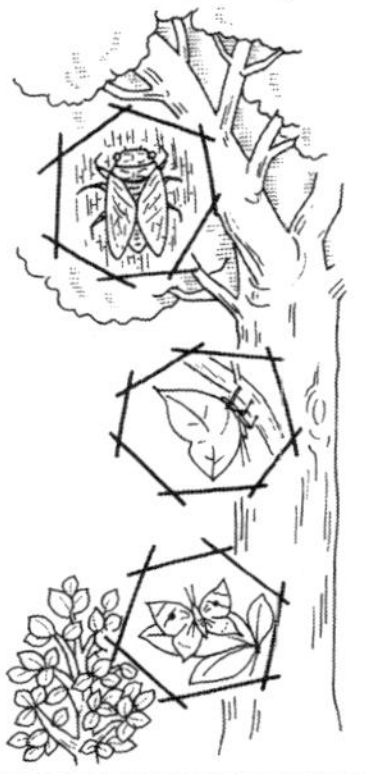

（東京書籍　新編新しい国語　3年（上）　矢島　稔）

上の文章を読んで、答えましょう。

(一) 次の□に入る、こん虫の名前を書きましょう。

□は木のみきの色と、□は草の色と、見分けにくい色をしています。

□の羽のうらは、かれ葉のような色をしています。

(二) まわりの色と見分けにくい体の色は、どのようなことに役立ちますか。

（　　　　）

(三) ほご色とは、どんな色のことですか。

（　　　　）

(四) コノハチョウが木のえだにとまっていると、かれ葉と見分けがつかないわけを二つ書きましょう。

（　　　　）

（　　　　）

(五) 作者は、ほご色のことを、別の言葉で何と言っていますか。

（　　　　）

自然（しぜん）のかくし絵(2)

名前［　　　　　　　　　　］

こん虫を食べる鳥やトカゲなどが色を見分ける力は、人間と同じくらいです。[①]、こん虫のほご色は、人間の目をだますのと同じくらいに、②これらのてきの目をだまして身をかくすのに役立（やくだ）っていると考えられます。

　トノサマバッタは、自分の体の色がほご色になるような場所をえらんですんでいるようです。トノサマバッタには、緑色のものとかっ色のものがいます。野外で調べてみると、緑色の草むらにいるのは、ほとんど緑色のバッタで、かれ草やおち葉の上にいるのは、ほとんどがかっ色です。

（東京書籍　新編新しい国語　3年(上)　矢島（やじま）　稔（みのる））

上の文章を読んで、答えましょう。

(一) [①]に当てはまる言葉を、次の中からえらんで○をつけましょう。

しかし・それから・ですから

(二) ②これらとは、何をさしますか。

（　　　　　　　　　　）

(三) こん虫のほご色は、何に役立っていますか。

（　　　　　　　　　　）

(四) トノサマバッタについて、[　]に言葉を書きましょう。

自分の[　　]の色が[　　　]になるような場所をえらんですんでいる。

(五) トノサマバッタの体の色と、すんでいる場所の関係をまとめましょう。

[　　]色のトノサマバッタ…（　　　　　）にいる。

[　　]色のトノサマバッタ…（　　　　　）にいる。

自然(しぜん)のかくし絵(3)

名前［　　　　］

まわりの色が変化(へんか)するにつれて、体の色がかわっていくこん虫もいます。ゴマダラチョウのよう虫は、エノキの葉を食べて育ちます。秋になって、エノキの葉が黄色くなるにつれて、この虫の体の色も、だんだん黄色にかわっていきます。

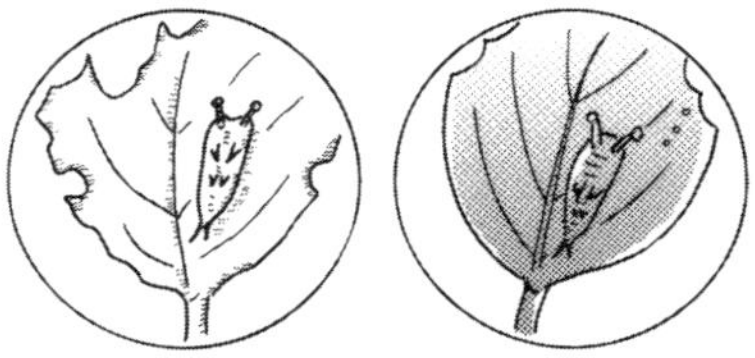

こん虫を観察(かんさつ)してみると、一日のうちの決まった時間だけ活動し、ほかの時間はじっと休んでいます。多くのこん虫は、この長い時間休む場所の色に、にた色をしています。じっとしているかぎり、ほご色は、身をかくすのに役立(やくだ)ちます。

（東京書籍　新編新しい国語　3年（上）　矢島(やじま)　稔(みのる)）

上の文章を読んで、答えましょう。

(一)

① ゴマダラチョウのよう虫は、何を食べて育つのですか。

（　　　　　　）

② 秋になると、ゴマダラチョウの体の色は、どうなりますか。

（　　　　　　）

③ ②のようになるのはなぜですか。

（　　　　　　）

(二) 次の文で、正しいものに○を、そうでないものに×をつけましょう。

（　）こん虫が活動するのは、一日のうちの決まった時間だけです。

（　）こん虫は、一日中じっとしています。

（　）多くのこん虫は、長い時間休む場所に、にた色をしています。

（　）ほご色は、じっとしているかぎり、身をかくすのに役立っています。

（　）こん虫の多くは、ほご色で身をかくしながら一日中動きまわって、いろんな活動をしています。

自然(しぜん)のかくし絵(4)

名前［　　　　　　　　　　］

ところが、こん虫が自分の体の色と同じような色をした所にいたとしても、動いたときなどには、鳥やトカゲに食べられてしまうことがあります。鳥やトカゲなどは、ちょっとした動作を見のがさない、するどい目を持っているからです。

ほご色は、どんな場合でも役立(やくだ)つとはかぎりませんが、てきにかこまれながらこん虫が生きつづけるのに、ずいぶん役立っているのです。

（東京書籍　新編新しい国語　3年（上）　矢島(やじま)　稔(みのる)）

上の文章を読んで、答えましょう。

（一）

① こん虫は、どんな生き物に食べられてしまうのですか。二つ書きましょう。

（　　　　）や（　　　　）

② こん虫が、自分の体の色と同じような色をした所にいても、食べられてしまうのは、どんなときですか。

（　　　　　　　　）

③ それはどうしてですか。

（　　　　　　　　）

（二）次の文で、ほご色について、正しいものに二つ○をつけましょう。

（　）どんな場合でも、こん虫が生きつづけるのに役立っている。

（　）どんな場合でも、役立つとはかぎらない。

（　）こん虫が生きつづけるのに、ずいぶん役立っている。

めだか(1)

名前［　　　　　　　　］

めだかの学校は　川の中
そっとのぞいて　みてごらん
そっとのぞいて　みてごらん
みんなで　おゆうぎ
しているよ
（茶木(ちゃき)　滋(しげる)『めだかの学校』より）

春になると、小川や池の水面近くに、めだかがすがたをあらわします。めだかは、大変(たいへん)小さな魚です。体長は、三、四センチメートルにしかなりません。

めだかは、のんびり楽しそうに泳いでいるようですが、いつも、たくさんのてきにねらわれています。「たがめ」や「げんごろう」、「やご」や「みずかまきり」などの、水の中にいるこん虫は、とくにこわいてきです。大きな魚や「ざりがに」にもおそわれます。

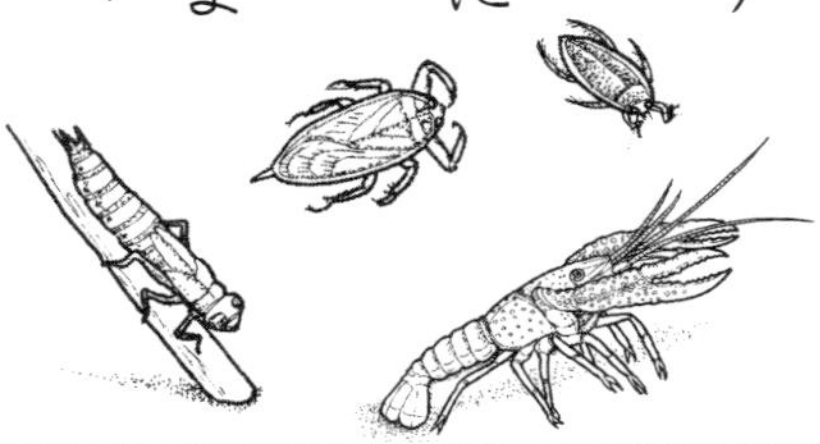

（教育出版　ひろがる言葉　小学国語　3年（上）　杉浦(すぎうら)　宏(ひろし)）

上の文章を読んで、答えましょう。

（一）小川などに、めだかがすがたをあらわすきせつは、いつですか。

（　　　）

（二）めだかの体長はどれくらいですか。

（　　　）

（三）上の文に出てくる、めだかのてきになる生き物の名前を五つ書きましょう。

（　　　）（　　　）（　　　）
（　　　）（　　　）

めだか(2)

名前［　　　　　　　　］

では、めだかは、そのようなてきから、どのようにして身を守っているのでしょうか。

まず、第一に、小川や池の水面近くでくらして、身を守ります。水面近くには、てきがあまりいないからです。

第二に、すいっ、すいっとすばやく泳いで、身を守ります。近づいてきたてきから、さっとにげることが上手です。

第三に、小川や池のそこにもぐっていって、水をにごらせ、身を守ります。近づいてきたてきに見つからないようにかくれるのです。

第四に、何十ぴきも集まって泳ぐことによって、身を守ります。てきを見つけためだかが、きけんがせまっていることを仲間に知らせると、みんなはいっせいにちらばります。そして、てきが目うつりしている間に、にげてしまいます。

（教育出版　ひろがる言葉　小学国語　3年（上）　杉浦　宏）

上の文章を読んで、答えましょう。

(一)　めだかの身の守り方と、そうするわけを、次の表にまとめましょう。

	第一	第二	第三	第四
身の守り方				
そうするわけ				

めだか(3)

名前［　　　　　　　　　　　　　　　　］

めだかは、こうして、てきから身を守っているだけではありません。めだかの体には、自然（ぜん）のきびしさにもたえられる、とくべつな仕組みがそなわっているのです。

夏の間、何日も雨がふらないと、小川や池の水がどんどん少なくなり、「ふな」や「こい」などは、次々に死んでしまいます。でも、めだかは、体が小さいので、わずかにのこされた水たまりでもだいじょうぶです。小さな水たまりでは、水温がどんどん上がりますが、めだかの体は、四十度近くまで水温が上がってもたえられるようにできています。

（教育出版　ひろがる言葉　小学国語　３年（上）　杉浦（すぎうら）　宏（ひろし））

上の文章を読んで、答えましょう。

(一)　上の文は、何について書いてありますか。当てはまるものに一つ○をつけましょう。

（　）めだかの、てきからの身の守り方

（　）めだかの体のとくべつな仕組みについて

（　）何日も雨がふらないときの小川や池の水について

(二)　小川や池の水が少なくなると、次々に死んでしまうのは、どんな魚ですか。二つ書きましょう。

（　　　　）

（　　　　）

(三)　小川や池の水が少なくなっても、めだかはどうしてだいじょうぶなのですか。

ア、小さな水たまりでもよいわけ

（　　　　）

イ、水たまりの水温が上がってもよいわけ

（　　　　）

めだか(4)

名前［　　　　］

また、大雨になると、小川や池の水があふれ、めだかは大きな川におし流されてしまいます。大きな川から海に流されてしまうこともあります。ふつう、真水でくらす魚は、海水では生きることができませんし、海にすむ魚は、真水の中では死んでしまいます。

しかし、めだかは、真水に海水のまざる川口（かわぐち）ふきんでも生きることができます。めだかの体は、海水にもたえられるようにできているのです。海に流されためだかは、やがて、みちしおに乗って、川にもどってくることもできます。

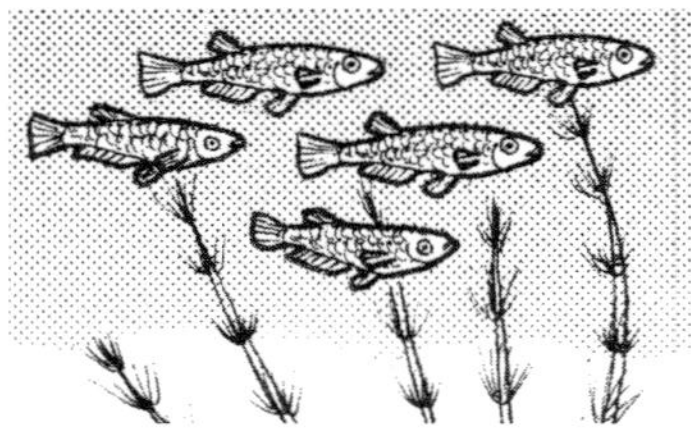

小川や池の中で泳いでいるめだかを見ると、ただ「おゆうぎ」をしているようにしか見えないかもしれません。しかし、めだかは、いろいろな方法（ほう）でてきから身を守り、自然（ぜん）のきびしさにたえながら生きているのです。

（教育出版　ひろがる言葉　小学国語　3年（上）　杉浦（すぎうら）宏（ひろし））

上の文章を読んで、答えましょう。

（一）めだかが海に流されてしまうこともあるのは、どんなときですか。

（　　　　）

（二）真水でくらす魚と、海にすむ魚と、めだかのちがいを、「海水」や「真水」という言葉を使ってまとめましょう。

真水でくらす魚（　　　　）

海にすむ魚（　　　　）

めだか（　　　　）

（三）小川や池の中で泳いでいるめだかのことを、何をしているように見えるといっていますか。

（　　　　）

（四）めだかはいろいろな方法でてきから身を守り、何にたえながら生きているのですか。

（　　　　）

授業の発問事例・テスト・宿題等に使える

長文読解力問題

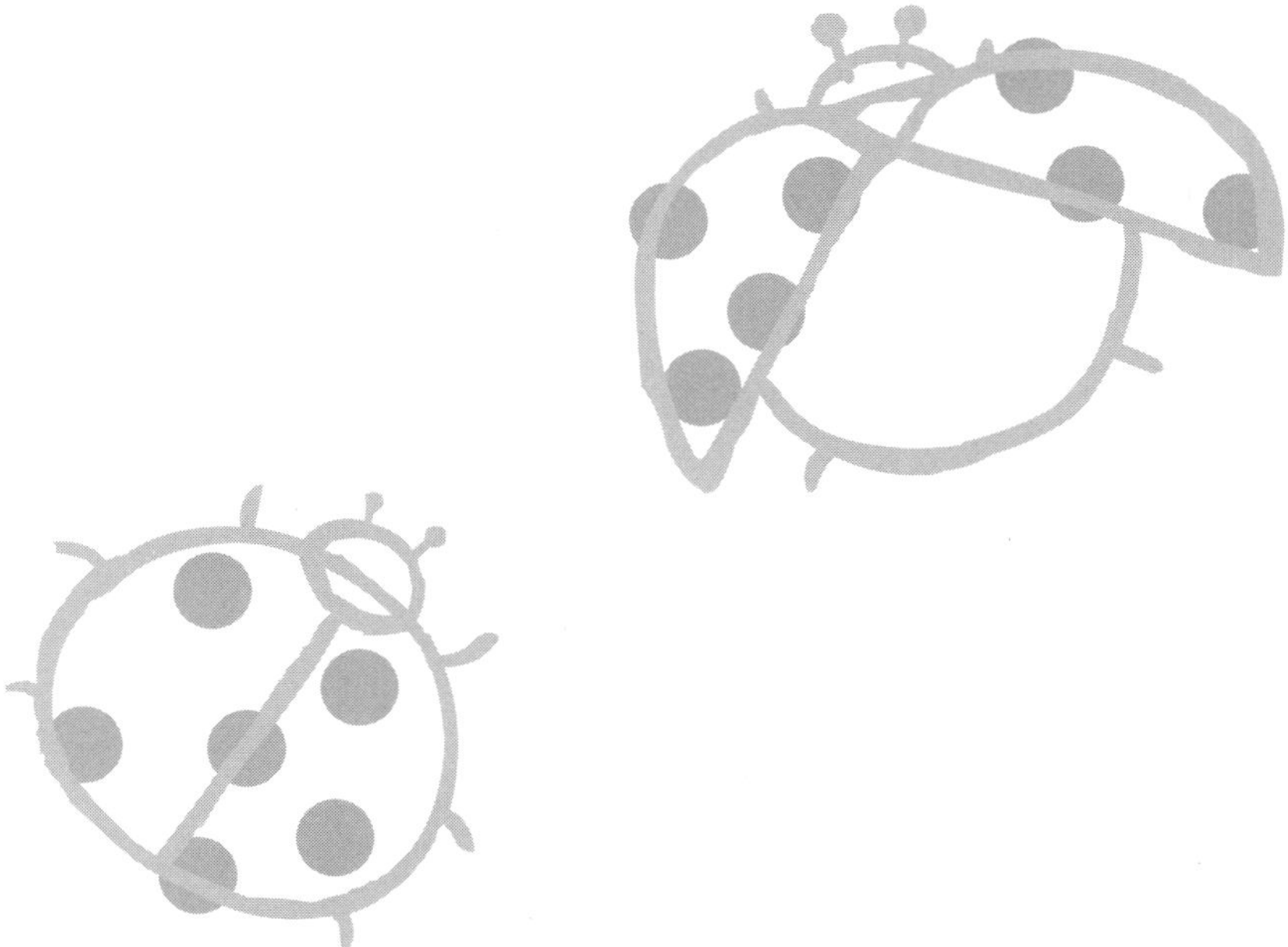

ありの行列

(1)

名前

夏になると、庭のすみなどで、ありの行列をよく見かけます。その行列は、ありの巣（す）から、えさのある所まで、ずっとつづいています。ア それなのに、なぜ、ありの行列ができるのでしょうか。

アメリカに、ウィルソンという学者がいます。この人は、次のような実験（けん）をして、ありの様子をかんさつしました。

［　①　］、ありの巣から少しはなれた所に、ひとつまみのさとうをおきました。［　②　］、一ぴきのありが、そのさとうを見つけました。イ これは、えさをさがすために、外に出ていたはたらきありです。ありは、やがて、巣に帰っていきました。すると、巣の中から、たくさんのはたらきありが、次々と出てきました。そして、列を作って、さとうの所まで行きました。［　③　］、その行列は、はじめのありが巣に帰るときに通った道すじから、外れていないのです。

（光村図書　国語3年（上）わかば　大滝（おおたき）哲也（てつや））

上の文章を読んで、答えましょう。

(一) ア それは、何をさしていますか。（15）

（　　　　）

(二) 実験した人の名前を書きましょう。（10）

（　　　　）

(三) 次の文は、下のどのことがらに当てはまりますか。線でむすびましょう。（15×2）

巣の中から、たくさんのはたらきありが、次々と出てきました。	● ●	かんさつをしてわかったこと
その行列は、はじめのありが巣に帰るときに通った道すじから、外れていないのです。	● ●	かんさつしたこと

(四) ①〜③の［　］に当てはまる言葉に、○をしましょう。（10×3）

① （　）はじめに　（　）しばらくすると

② （　）しばらくすると　（　）ところが　（　）しかしながら

③ （　）こまったことに　（　）幸いなことに　（　）ふしぎなことに

(五) イ これは、何をさしていますか。（15）

（　　　　）

ありの行列 (2)

名前

次に、この道すじに大きな石をおいて、ありの行く手をさえぎってみました。すると、ありの行列は、石の所でみだれて、ちりぢりになってしまいました。ようやく、一ぴきのありが、石のむこうがわに道のつづきを見つけました。そして、さとうにむかって進んでいきました。そのうちに、ほかのありたちも、一ぴき二ひきと道を見つけて歩きだしました。まただんだんに、ありの行列ができていきました。目的地に着くと、ありは、さとうのつぶをもって、巣に帰っていきました。帰るときも、行列の道すじはかわりません。ありの行列は、さとうのかたまりがなくなるまでつづきました。

ア これらのかんさつから、ウイルソンは、はたらきありが、地面に何か道しるべになるものをつけておいたのではないか、と考えました。

そこで、ウイルソンは、はたらきありの体の仕組みを、細かに研究してみました。すると、ありは、おしりの所から、イ とくべつのえきを出すことが分かりました。それは、においのある、じょうはつしやすいえきです。

この研究から、ウイルソンは、ありの行列のできるわけを知ることができました。

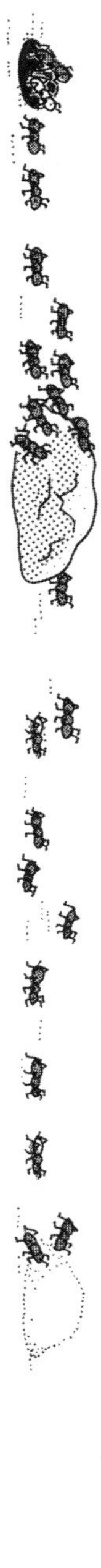

(光村図書 国語3年(上) わかば 大滝哲也)

上の文章を読んで、答えましょう。

(一) 次の文は、下のどのことがらに当てはまりますか。線でむすびましょう。(10×2)

- ありの行列は、さとうのかたまりがなくなるまでつづきました。 ・　　・ わかったこと
- それは、においのある、じょうはつしやすいえきです。 ・　　・ かんさつしたこと

(二) ウイルソンの研究したじゅんに、(　)に番号を書きましょう。(6×5)

(　) ありの行列の道すじに大きな石をおいた。
(　) ありが、地面に何か道しるべになるものをつけておいたのではないか、と考えた。
(　) おしりの所から、とくべつのえきを出すことが分かった。
(　) みだれて、ちりぢりになったありの行列が、またできていき、さとうがなくなるまでつづいた。
(　) ありの体の仕組みを、細かに研究した。

(三) ア これらのかんさつは、どのようなかんさつですか。正しいものに○をしましょう。(10)

(　) ありの体のかんさつ
(　) ありの行列のかんさつ
(　) ありの通ったあとのかんさつ

(四) ① イ とくべつのえきは、どのようなえきですか。(15)

(　　　　　　　　)

② そのえきは、はたらきありにとって何の役目をしますか。文中の四文字で答えましょう。(10)

□□□□

(五) この研究から、ウイルソンは、何を知ることができましたか。(15)

(　　　　　　　　)

ありの行列

(3)

名前

[1]
はたらきありは、えさを見つけると、道しるべとして、地面にこのえきをつけながら帰るのです。ほかのはたらきありたちは、そのにおいをかいで、においにそって歩いていきます。そして、そのはたらきありたちも、えさをもって帰るときに、同じように、えきを地面につけながら歩くのです。そのため、アえさが多いほど、においが強くなります。

[2]
[　　　]、においをたどって、えさの所へ行ったり、巣（す）に帰ったりするので、ありの行列ができるというわけです。

[3]
イこのえきのにおいは、ありのしゅるいによってちがうこともわかりました。それで、ちがうしゅるいのありの道しるべが交わっていても、けっしてまようことがなく、行列がつづいていくのです。

（光村図書　国語3年（上）わかば　大滝哲也（おおたきてつや））

上の文章を読んで、答えましょう。

(一) [1]のだん落で、はたらきありはどんなときに、えきを地面につけるのですか。 (20)

（　　　　　　　　）

(二) アえさが多いほど、においが強くなるわけが書かれている文に○をしましょう。 (15)

（　）えさににおいをつけるから。
（　）多くのありが地面にえきをつけるから。
（　）たくさんのえさが集まるから。

(三) [　　]に当てはまる言葉に、○をしましょう。 (15)

（　）しかし
（　）あのように
（　）それでも
（　）このように

(四) ありの行列ができるわけをまとめているだん落は[1]～[3]のどれですか。番号を書きましょう。 (15)

（　　）

(五) イこのえきとはどんなえきですか。 (15)

（　　　　　　　　）

(六) [3]のだん落で、ありのえきのにおいについてわかったことは何ですか。 (20)

（　　　　　　　　）

分類(るい) (1)

名前

いろいろあるものを、同じとくちょうをもつものどうしまとめて、全体をいくつかの集まりに分けることを、「分類(るい)」といいます。

スーパーマーケットに行くと、やさいがおいてある所、おかしがおいてある所というように、売り場が分かれているのに気づきます。ア これは、お客さんが買う物を見つけやすいように、商品をとくちょうによって分類しているのです。

わたしたち自身も、気づかないうちに、生活の中で分類をしています。つくえやたんすに引き出しがいくつかあれば、ここには何を入れ、ここには何を入れると決めていませんか。それが分類です。

「同じとくちょうをもつ」といっても、もののとくちょうは一つとはかぎりません。どのとくちょうに目を向けるかがちがえば、分類のしかたもちがってきます。

（光村図書　国語3年（上）わかば）

上の文章を読んで、答えましょう。

(一) 「分類」とは、何をどうすることですか。(20)

（　　　　　　）

(二) ア これは、何をさしていますか。(10)

（　　　　　　）

(三) スーパーマーケットは、どんな売り場に分かれていますか。上の文から二つ書き出しましょう。(10×2)

（　　　　　　）
（　　　　　　）

(四) わたしたちも、気づかないうちに、生活の中のどんなところで分類していますか。(20)

（　　　　　　）

(五) 次の文で、正しいものに○、そうでないものに×をしましょう。(10×3)

（　）分類のしかたは、どのとくちょうに目を向けるかでちがってくる。

（　）一つのもののとくちょうは、一つだけと決まっている。

（　）もののとくちょうは、一つとはかぎらない。

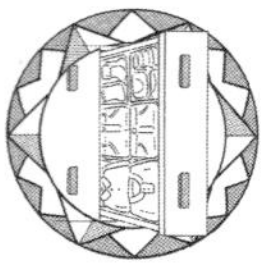

分類(ぶんるい) (2)

名前

たとえば、衣類(いるい)を入れるたんすの引き出しを、お兄さん・お姉さん・あなたの三人で使うとします。お兄さんが着るもの、お姉さんが着るもの、あなたが着るものという分け方をしたら、それは、衣類を「だれが着るものか」というとくちょうで分類したことになります。でも、シャツとブラウス、ズボンとスカート、はだ着という分け方にしたら、それは、衣類を「どのように着るものか」というとくちょうで分類したことになります。

また、一度分類したものも、その中でまた、べつのとくちょうに目をつければ、もっと細かく分けることができます。

たとえば、お兄さん・お姉さん・あなたで引き出しを一度分けたとします。その後で、あなたが自分で引き出しの中を区切って、はだ着とそうでないものに分けたり、上半身に着るものと下半身に着るものに分けたりすることもできます。

分類は、何かをしたり考えたりするとき、とても役に立ちます。また、分類しようとして考えているうちに、それまで気づかなかったとくちょうを見つけたり、分け始めてから、どのグループにも当てはまらないものを発見したりすることもあります。それに、分類のしかたには、どのとくちょうに目を向けたかという、分類した人のものの見方や考え方が表れることもおもしろいですね。

(光村図書　国語3年(上) わかば)

上の文章を読んで、答えましょう。

(一) たんすの引き出しを、きょうだい三人で使います。①と②は、□の㋐㋑どちらのとくちょうで分類したものでしょう。記号で答えましょう。(10×2)

① お兄さんが着るもの、お姉さんが着るもの、あなたが着るもの　(　　)

② シャツとブラウス、ズボンとスカート、はだ着　(　　)

㋐どのように着るものか　㋑だれが着るものか

(二) 一度分類したものを、その中でまた、べつのとくちょうで細かく分けるれいとして書かれていることを、二つ書きましょう。(20×2)

(　　)

(　　)

(三) 分類は、どんなときに役立ちますか。(10)

(　　)

(四) 分類のしかたには、分類した人の何が表れますか。文中から九文字で□にぬき書きしましょう。(10)

□□□□□□□□□

(五) 次の文で、正しいものに○、そうでないものに×をしましょう。(5×4)

(　) 分類しようとして考えているうちに、それまで気づかなかったとくちょうを見つけられる。

(　) 分類は、だれがしても同じようにできる。

(　) 分類は、人によっていろいろにできる。

(　) 分類は、分け始めると、どのグループに当てはまるか決まってくる。

すがたをかえる大豆(1)

名前

1 わたしたちの毎日の食事には、肉・やさいなど、さまざまなざいりょうが調理されて出てきます。その中で、ごはんになる米、パンやめん類（るい）になる麦のほかにも、多くの人がほとんど毎日口にしているものがあります。なんだか分かりますか。ア それは、大豆です。大豆がそれほど食べられていることは、意外と知られていません。大豆は、いろいろな食品にすがたをかえていることが多いので気づかれないのです。

2 大豆は、ダイズという植物のたねです。えだについたさやの中に、二つか三つのたねが入っています。ダイズが十分に育つと、さやの中のたねはかたくなります。イ これが、わたしたちが知っている大豆です。かたい大豆は、そのままでは食べにくく、消化もよくありません。そのため、いろいろ手をくわえて、おいしく食べるくふうをしています。

3 いちばん分かりやすいのは、大豆をその形のままいったり、にたりして、やわらかく、おいしくするくふうです。いると、豆まきに使う豆になります。水につけてやわらかくしてからにると、に豆になります。正月のおせち料理（りょうり）に使われる黒豆も、に豆の一つです。に豆には、黒、茶、白など、いろいろな色の大豆が使われます。

（光村図書　国語3年（下）あおぞら　国分（こくぶん）牧衛（まきえ））

上の文章を読んで、答えましょう。

(一) 1 2 のだん落には、どんなことが書かれていますか。当てはまる記号を［　］からえらんで書きましょう。（10×2）

1 のだん落（　　　）　2 のだん落（　　　）

㋐ 大豆がどんなものかということ
㋑ 毎日の食事と大豆について
㋒ 大豆の調理のしかた

(二) （　）に当てはまる言葉を書きましょう。（5×2）

多くの人が毎日口にしているものに（　　　）があります。それが、意外と知られていないのは、いろいろな食品に（　　　）をかえていることが多いからです。

(三) ダイズが十分に育つと、さやの中のたねはどうなりますか。（10）

（　　　）

(四) 大豆について、正しいものに○、そうでないものに×をしましょう。（10×4）

（　）大豆は、そのままでは食べにくい。
（　）水につけてやわらかくしてからいると、に豆になる。
（　）大豆は、そのままでは消化によくない。
（　）大豆は、そのままでもおいしく食べられる。

(五) ア それ、イ これは、それぞれ何をさしていますか。（10×2）

ア（　　　）
イ（　　　）

すがたをかえる大豆 (2)

名前

（光村図書　国語３年（下）あおぞら　国分牧衛）

次に、こなにひいて食べるくふうがあります。もちやだんごにかけるきなこは、大豆をいって、こなにひいたものです。

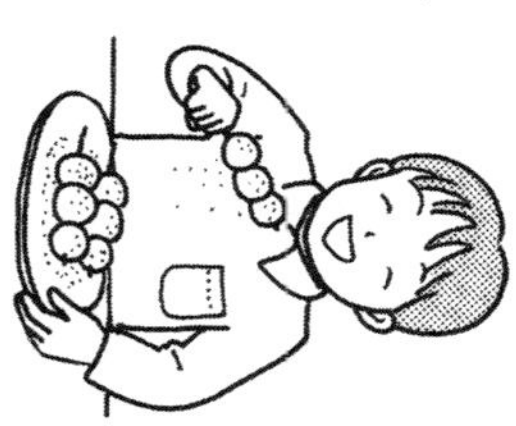

また、大豆にふくまれる大切なえいようだけを取り出して、ちがう食品にするくふうもあります。水をいっぱいにすいこんだ大豆をすりつぶすと、白っぽいしるが出てきます。これに水をくわえて熱（ねっ）します。その後、ぬのを使って中身をしぼり出し、かためるためにニガリというものをくわえます。こうすると、とうふができあがります。

さらに、目に見えない小さな生物の力をかりて、ちがう食品にするくふうもあります。ナットウキンの力をかりたのが、納（なっ）豆です。むした大豆にナットウキンをくわえ、あたたかい場所に一日近くおいて作ります。コウジカビの力をかりたものが、みそやしょうゆです。みそを作るには、まず、むした米か麦にコウジカビをまぜたものを用意します。それと、しおを、にてつぶした大豆にくわえてまぜ合わせます。ふたをして、風通しのよい暗い所に半年から一年の間おいておくと、大豆はみそになります。しょうゆも、よくにた作り方をします。

上の文章を読んで、答えましょう。

(一) 大豆の食べ方について、（　）に言葉や文を書き入れて、表をかんせいさせましょう。(8×5)

	①	②	③
食品にするくふう	大豆をいって、こなにひく。	大豆にふくまれる大切なえいようだけを取り出す。	（　）
食品の名前	（　）	（　）	納豆 （　） （　）

(二) とうふの作り方のじゅんに、（　）に番号を書きましょう。(20)

（　）水をいっぱいにすいこんだ大豆をすりつぶして、白っぽいしるを出す。

（　）ぬのを使って中身をしぼり出す。

（　）かためるためにニガリというものをくわえる。

（　）水をくわえて熱する。

(三) 納豆について答えましょう。(10×2)

① 何という小さな生物の力をかりて、作りますか。

（　）

② 納豆ができるのに、どれくらいかかりますか。

（　）

(四) みそについて答えましょう。(10×2)

① 何という小さな生物の力をかりて、作りますか。

（　）

② ①のほかに使う、ざいりょう全部を書きましょう。

（　）

すがたをかえる大豆 (3)

名前

これらのほかに、とり入れる時期や育て方をくふうした食べ方もあります。ダイズを、まだわかくてやわらかいうちにとり入れ、さやごとゆでて食べるのが、えだ豆です。また、ダイズのたねを、日光に当てずに水だけをやって育てると、もやしができます。

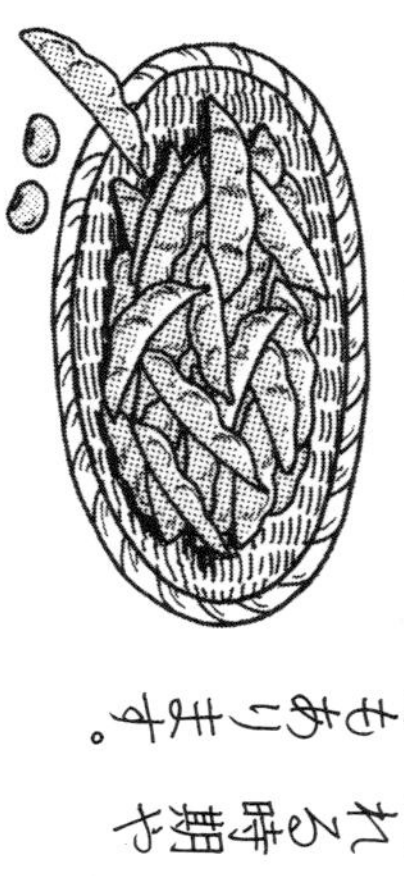

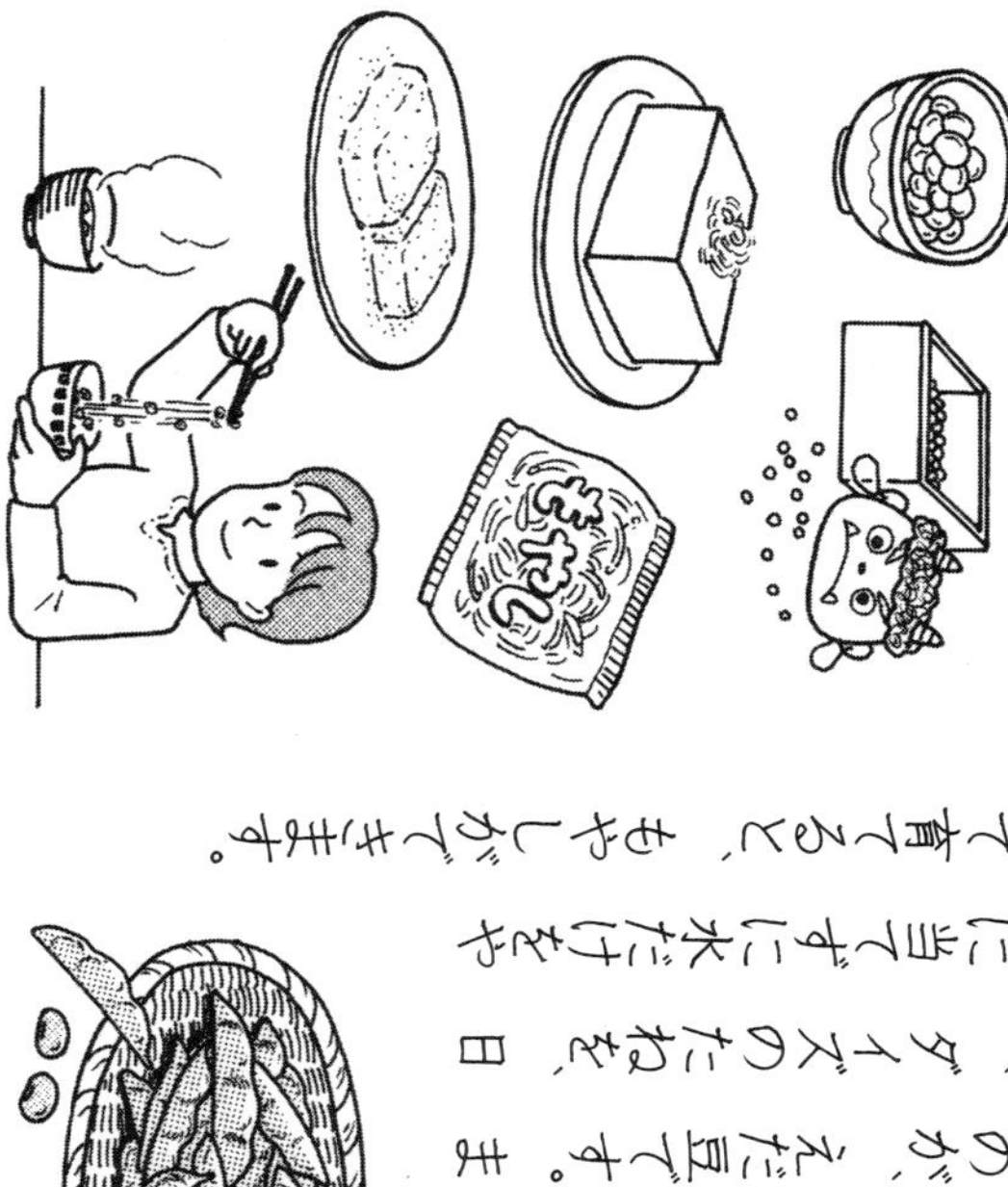

このように、大豆はいろいろなすがたで食べられています。ほかの作物にくらべて、こんなに多くの食べ方が考えられたのは、大豆が味もよく、畑の肉といわれるくらいたくさんのえいようをふくんでいるからです。そのうえ、やせた土地にも強く、育てやすいことから、多くの地いきで植えられたためでもあります。

大豆のよいところに気づき、食事に取り入れてきた昔の人々のちえにおどろかされます。

（光村図書 国語3年(下) あおぞら 国分牧衛）

上の文章を読んで、答えましょう。

(一) 次の作り方でできる食品を答えましょう。（10×2）

① ダイズを、まだわかくてやわらかいうちにとり入れ、さやごとゆでる。

（　　　　）

② ダイズのたねを、日光に当てずに水だけをやって育てる。

（　　　　）

(二) 大豆が、ほかの作物にくらべて、多くの食べ方が考えられたわけを、三つ書きましょう。（15×3）

（　　　　）

（　　　　）

（　　　　）

(三) 大豆はたくさんのえいようをふくんでいるので、何とよばれていますか。（10）

（　　　　）

(四) 大豆について、作者の感そうが書かれている文をぬき書きしましょう。（25）

（　　　　）

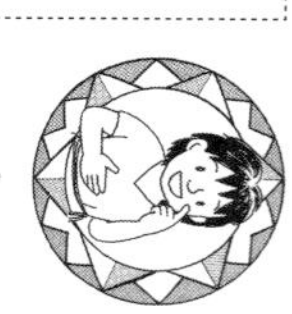

あっとおどろく漢字の話（1）

名前

「体」の話

大昔のことです。畑ではたらいている一人の男がいました。「今年もおいしい麦ができるといいなあ。」そう思いながら、男は、暑い日ざしの下、一生けんめいはたらきました。朝からずっとはたらきどおしで、太陽はもう頭のてっぺんに来ています。「つかれたから、どこかで少し休みたいな。」と、男は思いました。あたりを見回すと、向こうの方に大きな木があります。「あの木の下なら、きっとすずしいぞ。」そう思った男は、木の下に行き、地面にこしを下ろして木にもたれました。

「人」が「木」にもたれかかっている様子から、「休」という漢字ができました。

「名」の話

農作物を育てるのは、今も昔も、一年がかりの大仕事です。男は、来る日も来る日も、はたらきました。そのおかげで、今年もりっぱな麦がたくさんできました。見事に実った麦をかり取って、男は家へ帰ります。

帰り道、男は、向こうから人がやって来るのに気づきました。しかし、日がくれてあたりは暗く、それがいったいだれなのか分かりません。そこで、男も、その人も、相手に向かって自分の名前を大きな声でつげました。

太陽がしずみ、まわりがほとんど見えなくなる「夕」方に、人の「口」から出てくるものが、「名」というわけです。

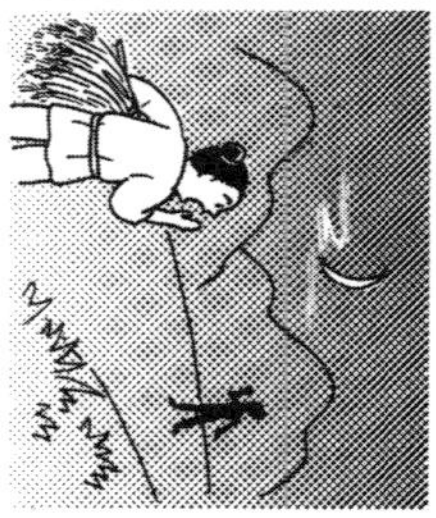

（光村図書　国語3年（下）あおぞら）

上の文章を読んで、答えましょう。

（一）「休」の話について、答えましょう。

① 話に出てくる人はどんな人ですか。 (10)

（　　　　）

② その人が思ったことが書いてある文を、三つぬき書きしましょう。 (5×3)

「　　　　」

「　　　　」

「　　　　」

③ 「　」に当てはまる漢字を書きましょう。 (5×3)

「　」が「　」にもたれかかっている様子から、「　」という漢字ができました。

（二）「名」の話について、答えましょう。

① 農作物を育てるのは大仕事だというのは、なぜですか。 (15)

（　　　　）

② 男は、どんな農作物を作っていましたか。 (10)

（　　　　）

③ 向こうからやって来る人が、いったいだれなのか分からないのは、どうしてですか。 (10)

（　　　　）

④ 男も、その人も、相手に向かって大きな声で、何をつげましたか。 (10)

（　　　　）

⑤ 「　」に当てはまる漢字を書きましょう。 (5×3)

「　」という漢字は、まわりがほとんど見えなくなる「　」方に、人の「　」から出てくるものということからできました。

あっとおどろく漢字の話 (2)

名前

上の文章を読んで、答えましょう。

「自」の話

家に帰ると、もう夕ごはんのしたくができていました。

男には五人の子どもがいました。みんながそろう食事の時間は、とてもにぎやかです。お母さんが、大声でたずねます。

「大もりって言ったのは、だれだったかしら。」

「ぼくだよ。」

いちばん上の男の子が、自分の鼻を指さしながら答えました。

身ぶり手ぶりで自分を表すとき、わたしたちはよく、人さし指を鼻の頭につき立てるしぐさをします。この鼻の頭を正面から見た形から、「自分」の「自」という漢字ができました。

昔の人たちは、生活の中のさまざまな場面から、上手に漢字を作り出したのです。

（光村図書　国語3年（下）あおぞら）

(一) 家に帰ってきたのはだれですか。また、できていたものは何ですか。（10×2）

だれ（　　　　）

できていたもの（　　　　）

(二) ① 「ぼくだよ。」と言ったのはだれですか。（10×2）

（　　　　）

② そのときにどんなしぐさをしましたか。

（　　　　）

(三) 「自分」の「自」という漢字は、何の形からできましたか。（10）

（　　　　）

(四) （　）に当てはまる言葉を書きましょう。（10×5）

身ぶり手ぶりで（　　　　）を表すとき、わたしたちはよく、（　　　　）を（　　　　）の頭につき立てるしぐさをします。

昔の人たちは、（　　　　）の中のさまざまな場面から、上手に（　　　　）を作り出したのです。

自然（しぜん）のかくし絵 (1)

名前

木のみきにとまったはずのセミや、草のしげみに下りたはずのバッタを、ふと見うしなうことがあります。

セミやバッタは、木のみきや草の色と見分けにくい色をしています。まわりの色と見分けにくい体の色は、てきから身をかくすのに役立（やくだ）ちます。このように、身をかくすのに役立つ色のことをほご色といいます。

コノハチョウの羽は、表はあざやかな青とオレンジ色ですが、うらは、かれ葉のような色をしています。それに、羽をとじたときの形も木の葉そっくりです。ですから、木のえだにとまっていると、えだにのこったかれ葉と見分けがつきません。

このほかにも、ほご色によって上手に身をかくしているこん虫はたくさんいます。ほご色は、自然のかくし絵だということができるでしょう。

こん虫を食べる鳥やトカゲなどが色を見分ける力は、人間と同じくらいです。ですから、こん虫のほご色は、人間の目をだますのと同じくらいに、ア<u>これら</u>のてきの目をだまして身をかくすのに役立っていると考えられます。

トノサマバッタは、自分の体の色がほご色になるような場所をえらんですんでいるようです。トノサマバッタには、緑色のものとかっ色のものがいます。野外で調べてみると、緑色の草むらにいるのは、ほとんど緑色のバッタで、かれ草やおち葉の上にいるのは、ほとんどがかっ色です。

（東京書籍　新編新しい国語　3年（上）　矢島（やじま）稔（みのる））

上の文章を読んで、答えましょう。

(一) ① ほご色とは、どんな色のことですか。(15)

（　　　　）

② 次の虫のほご色を［　］からえらんで（　）に書きましょう。(5×3)

セミ（　　　）の色

バッタ（　　　）の色

コノハチョウの羽のうら（　　　）の色

［ 木のみき　草　かれ葉 ］

(二) □に当てはまる言葉を書きましょう。(5×3)

コノハチョウの羽のうらは、色だけでなく羽をとじたときの□も□□□そっくりで、上手に身をかくしています。

ほご色は、自然の□□□□だということができるでしょう。

(三) ア<u>これら</u>は、どのような生き物のことですか。二つ書きましょう。(10×2)

（　　　　）（　　　　）

(四) ① トノサマバッタには、どんな色のものがいますか。また、それはどんな場所にすんでいますか。(5×4)

色（　　）→［　　］場所

色（　　）→［　　］場所

② トノサマバッタは、どんな場所をえらんですんでいますか。(15)

（　　　　）

自然のかくし絵 (2)

名前

（東京書籍 新編新しい国語 3年(上) 矢島稔）

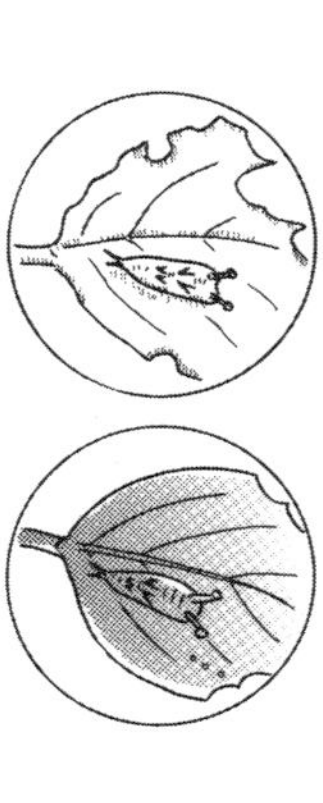

まわりの色が変化するにつれて、体の色がかわっていくこん虫もいます。ゴマダラチョウのよう虫は、エノキの葉を食べて育ちます。秋になって、エノキの葉が黄色くなるにつれて、この虫の体の色も、だんだん黄色にかわっていきます。

こん虫を観察してみると、一日のうちの決まった時間だけ活動し、ほかの時間はじっと休んでいます。多くのこん虫は、この長い時間休む場所の色に、にた色をしています。じっとしているかぎり、ほご色は、身をかくすのに役立ちます。

□、こん虫が自分の体の色と同じような色をした所にいたとしても、動いたときなどには、鳥やトカゲに食べられてしまうことがあります。鳥やトカゲなどは、ちょっとした動作を見のがさない、するどい目を持っているからです。

ほご色は、どんな場合でも役立つとはかぎりませんが、てきにかこまれながらこん虫が生きつづけるのに、ずいぶん役立っているのです。

(一) 上の文章を読んで、答えましょう。

① まわりの色が変化するにつれて、体の色がかわっていくこん虫の名前を書きましょう。(15×3)

（　　　　）

② そのよう虫は、何を食べて育ちますか。

（　　　　）

③ そのよう虫は、秋になると何がどのようにかわりますか。

（　　　　）

(二) □に当てはまる言葉に、○をしましょう。(5)

（　）ところが　（　）そして　（　）それから

(三) ① こん虫が自分の体の色と同じような色をした所にいたとしても、鳥やトカゲに食べられてしまうことがあるのはどういうときですか。(15×2)

（　　　　）

② なぜ、鳥やトカゲはこん虫を食べることができるのですか。

（　　　　）

(四) （　）に当てはまる言葉を書きましょう。(10×2)

（　　　）は、どんな場合でも役立つとはかぎらないが、てきにかこまれながら（　　　）が生きつづけるのに、ずいぶん役立っている。

道具を使う動物たち (1)

名前

人間は道具を使う動物である、といわれています。

わたしたちは、毎日いろいろな道具を使って生活しています。くぎを打つときには、金づちを使います。野さいや肉を切るときには、ほうちょうを使い、木を切るときには、のこぎりを使います。わたしたちの使う道具には、数え切れないくらいのしゅるいがあり、その仕組みは、だんだんふくざつなものになっています。

[①]、人間以外には、道具を使う動物はいないのでしょうか。[②]、動物の世界をよく見ると、道具を使う動物がたくさんいるのです。

一九六六年、アフリカの草原を旅行していたグドールふさいは、しんじられないような光景を目にしました。エジプトハゲワシが、ダチョウのたまごを石でわろうとしていたのです。ワシは、くちばしに石をくわえてたまごに向かって立ち、頭を高く上げていました。次のしゅん間、力をこめて頭をふり下ろして石を投げつけたのです。

それから、たまごの様子を見て、われていないのが分かると、また、石をくわえてたまごに投げつけました。何回も投げつけて、とうとうかたいからをわってしまいました。

石をくわえて投げつけようとするエジプトハゲワシ

（東京書籍 新編新しい国語 3年(上) 沢近十九一）

上の文章を読んで、答えましょう。

(一) ① 人間はどんな動物である、といわれていますか。(10)

（　　　　）

② そのことを、れいをあげてせつ明しています。（　）に当てはまる言葉を書きましょう。(10×3)

くぎを打つとき →（　　　　）

野さいや肉を切るとき →（　　　　）

木を切るとき →（　　　　）

(二) ①②の[　]の中に当てはまる言葉を、[　]からえらんで書きましょう。(10×2)

①（　　　　）

②（　　　　）

実は　もっとも　では　とても

(三) グドールふさいが見た、しんじられないような光景とはどのようなものでしょう。（　）に言葉を書きましょう。(5×6)

いつ（　　　）年、どこで（　　　）で
なにが（　　　）が、
なにを（　　　）を
なにで（　　　）で（　　　）どうした（　　　）。

(四) エジプトハゲワシが使った道具は、何ですか。(10)

（　　　　）

道具を使う動物たち (2)

名前

エジプトハゲワシと同じように、石を道具に使う動物には、ラッコがいます。ラッコは、アワビなどの貝が大すきです。

アメリカの西海岸にすむラッコは、海底の岩についているアワビを、両手にはさんだ石でたたいて、はぎとってしまいます。イガイのような二まい貝を食べるときには、海の底から貝といっしょに、平たい石を拾ってきて、海面にあおむけにうき、おなかの上に石をのせます。［①］、両手で貝を石に打ちつけます。すばやく何回もたたくと、貝は口を開いてしまいます。

おなかの上にのせた石に貝を打ちつけるラッコ

南太平洋のガラパゴスしょ島にいるキツツキフィンチという鳥も道具を使います。アこの鳥は、かれ木の中にいる虫を食べます。しかし、キツツキのような長いくちばしを持っていません。そこで、サボテンのとげをもぎとります。それをくちばしにくわえて虫のいる木にとんでいきます。［②］、とげをようじのように使って、虫をあなから引き出して食べてしまうのです。

木のあなにとげをさしこんで、虫をあなから引き出すキツツキフィンチ

アフリカの森林にすむチンパンジーは、いろいろな場合に道具を使います。木の実を食べるときには、太いぼうや石でからをわって食べます。また、オオアリやシロアリをつかまえて食べるときには、細いぼうや木の皮、草のくきなどを上手に使います。

（東京書籍 新編新しい国語 3年（上） 沢近十九一）

上の文章を読んで、答えましょう。

(一) ラッコとキツツキフィンチとチンパンジーについて、当てはまる言葉を（　）に書いて、表をかんせいさせましょう。（7×10）

	すんでいるところ	食べるもの	道具にするもの
ラッコ	（　　）の西海岸	イガイのような二まい貝 /（　　）	（　　）/（　　）
キツツキフィンチ	南太平洋の（　　）	（　　）	サボテンのとげ
チンパンジー	（　　）の森林	（　　）/ 木の実	（　　）/（　　）

(二) それぞれの動物とかん係ある文を線でむすびましょう。（5×3）

- ラッコ　・
- キツツキフィンチ　・
- チンパンジー　・

- ・とげをようじのように使って、虫をあなから引き出して食べる。
- ・両手で貝を石に打ちつける。
- ・木の実を食べるときは、太いぼうや石でからをわって食べる。

(三) ①②の［　］の中には同じ言葉が入ります。当てはまる言葉を、［　］からえらんで書きましょう。（5）

（　　　　）

そして　では　しかし　つまり

(四) アこの鳥は、何をさしていますか。（10）

（　　　　）

道具を使う動物たち (3)

名前

オオアリの中には、木のあなを巣にしているものがいます。チンパンジーは、その巣の出入り口の大きさに合わせてぼうや木の皮などを使います。出入り口のあなが大きいときには、手近にある木のえだを、あなが小さいときには、しなやかなつるや小えだをさがしてきて使います。さらに出入り口が小さいときには、皮をはいで細くした小えだや、はいだ皮を引きさいたものなどを使います。①、このぼうや木の皮などを出入り口にさしこんで、しばらく待ちます。オオアリがかみつくと、引き出して食べてしまいます。まるで、つりをしているようです。

シロアリは、地面にとうのような形をした、巣を作ってすんでいます。巣の出入り口を見つけたチンパンジーは、人さし指でそのあなを広げます。②、シロアリは、ぼうや草のくきなどをさしこんで、シロアリをつります。

草のくきを使って、つりをするチンパンジー

多くの人が、自然の中での動物のくらしを、注意深く観察してきました。そのけっか、ここでしょうかいしたように、動物が道具を使う様子が分かってきました。③、ほかにも、道具を使う動物がいることが明らかになっています。

（東京書籍　新編新しい国語　3年(上)　沢近　十九一）

上の文章を読んで、答えましょう。

(一) 次のアリは、それぞれどんな巣にすんでいますか。(10×2)

オオアリ（　　　　）

シロアリ（　　　　）

(二) チンパンジーがオオアリの巣の出入り口の大きさに合わせて使う道具を線でむすびましょう。(10×3)

- 大きなあな　・　　・ 細くした小えだや、はいだ皮をさいたもの
- 小さなあな　・　　・ しなやかなつるや小えだ
- さらに小さなあな　・　　・ 手近にある木のえだ

(三) 作者は、チンパンジーがぼうや木の皮などにかみついたオオアリを引き出して食べる様子を、まるで何をしているようだと言っていますか。(10)

（　　　　）

(四) シロアリの巣の出入り口を見つけたチンパンジーは、ぼうや草のくきなどをさしこむためにまず何をしますか。(10)

（　　　　）

(五) ①②③の□の中に当てはまる言葉を、[　]からえらんで書きましょう。(10×3)

① （　　　　）
② （　　　　）
③ （　　　　）

[また　そして　そこへ　けれども]

つな引きのお祭り

(1)

名前

つな引きの日がやってきました。夕ぐれの通りに、町の人たちがぞくぞくと集まってきます。道にのばされた「おづな」と「めづな」がむすび合わされ、むすび合わされた大づなの上から建元(たてもと)さんがとび下りました。「ア これを合図に、「ワーッ。」という声がひびきわたります。いよいよ三千人と三千人のつな引きが始まりました。

「ジョーヤサノー、ジョーヤサノー。」のかけ声に合わせ、大づなから出ているえだづなを、声をはり上げながらけんめいに引きます。引かれた方の人たちは、雪にしゃがみこみ、少しでも体を重くして引きずられないようにがんばります。子どもたちも、ひっ死になって足をふんばっています。

引かれた方もばん回をはかります。「ジョヤサー、ジョヤサー。」二メートル、三メートル、じりじりと引きもどします。そばでおうえんしていたおばさんもたまらず、とびこんでつなを引き始めました。

こうしてつな引きは数十分もつづき、ようやく勝負がつきました。勝った方からはかん声が上がります。負けた方には、くやしなきをしている子どももいます。

「今年勝ってしまったら、楽しみがないもんな。」と、負けおしみを言う人もいます。町の人たちのこうふんは、なかなかおさまりません。

(東京書籍　新編新しい国語　3年(下)　北村(きたむら)　皆雄(みなお))

上の文章を読んで、答えましょう。

(一) つな引きの日、町の人たちが集まるのは、いつのころですか。(10)

（　　　　）

(二) 何と何とをむすび合わせて、長い大づなにするのですか。(10)

（　　　　）

(三) ア これは、何をさしていますか。(15)

（　　　　）

(四) このつな引きは、何人と何人でするのですか。(10)

（　　　　）

(五) つな引きの時のかけ声を書きましょう。(10×2)

① はじめに引く時

「　　　　」

② 引かれた方が、ばん回をはかる時

「　　　　」

(六) 引っぱるのは、どんなつなですか。(10)

（　　　　）

(七) つな引きは勝負がつくまで、どのくらいかかりますか。(10)

（　　　　）

(八) 負けた方には、どのような負けおしみを言う人もいますか。(15)

（　　　　）

つな引きのお祭り

(2)

名前

刈和野のつな引きは、五百年以上もつづいています。昔は、どちらの町で市場を開くかをこのつな引きで決めたといいます。今は、「上町が勝てば米のねだんが上がり、下町が勝てば米がよくとれる。」といわれていて、その年がどちらであるかをうらなうのです。どちらが勝っても農家には都合のよいことですが、負けては一年のはずみがつきません。それで、上町も下町も、真けんにつなを引き合います。

「神様とのつな引き」をするお祭りがあります。

沖縄県糸満市真栄里では、地区の人たちが西と東に分かれてつなをあみ、旧暦の八月十六日に、そのつなでつな引きをします。着かざった男の子をつなの上に乗せた行列が、東と西から広場へやってきます。そして、おもしろいおどりや、いさましい棒術の試合などが行われた後、二つのつなはむすび合わされます。

いよいよつな引きが始まります。よく見ると、西のつなを引く人の方が多く、西の方が有利になっています。

やはり西が勝ちました。真栄里のつな引きでは、東はこれまでほとんど勝ったことがありません。何ともふしぎなつな引きです。

沖縄では、昔、太陽がのぼる東を「神様の世界」、西を「人間の世界」と考えたといいます。このつな引きには、「神様の世界」を西に引きよせることによって、「神様の世界」からゆたかな実りをもらい受けようというねがいがあったといわれています。

（東京書籍　新編新しい国語　3年（下）　北村　皆雄）

上の文章を読んで、答えましょう。

(一) 刈和野のつな引きについて答えましょう。

① どのくらい昔からつづいているのですか。（各10）

（　　　　）

② 昔、つな引きで決めたことは何ですか。

（　　　　）

③ 今は、何をうらなうのか、文中の言葉の始めと終わりの文字を□に書きましょう。

「□□□□□□～□□□□□。」

④ 真けんにつなを引き合うのはなぜですか。

（　　　　）

(二) 沖縄県糸満市真栄里のつな引きについて答えましょう。

① 地区の人たちが、何と何に分かれるのですか。（5×2）

□と□

② つな引きが始まる前に行われることを三つ書きましょう。（10×3）

（　　　　）
（　　　　）
（　　　　）

③ つな引きは、いつもどっちが勝つのですか。（10）

□

④ ③は、どういうねがいがあったからですか。（10）

（　　　　）

もうどう犬の訓練（くんれん）（1）

名前

犬は、かしこく、活発で、人間となかよくなれる動物です。

ペットとしてかわいがられる犬もいます。また、けいさつ犬などのように、人間のためにはたらく犬もいます。はたらく犬は、動物としての特長（とくちょう）を生かしたり、おさえたりして、訓練（くんれん）された犬なのです。

もうどう犬も、はたらく犬のなかまです。もうどう犬は、目の不自由（ふじゆう）な人が、町を安全に歩けるように、目の代わりになって助ける犬です。

もうどう犬になる犬は、生まれるとすぐに、人間と家族のようにくらすためのしつけを受けます。そして、一才になると、もうどう犬としてのきびしい訓練が始まるのです。

さいしょは、人間の言うことにしたがう訓練です。

訓練をする人は「ゴー」（進め）、「ストップ」（止まれ）、「シット」（すわれ）などのように、英語（えいご）で命令を出します。犬は、命令（めいれい）の言葉を少しずつおぼえ、そのとおりにできるようになっていきます。

いちばんむずかしいのは、「ウエイト」（待て）の命令です。もともと活発な動物である犬にとって、次の命令があるまで動かないでいるのは、つらいことなのです。

しかし、たとえば、駅で電車を待つときに、もうどう犬が勝手に動くと、目の不自由な人がじこにあうかもしれません。ですから、もうどう犬は、がまん強くじっと待つことができなければなりません。

（東京書籍　新編新しい国語　3年（下）　吉原（よしはら）順平（じゅんぺい））

（一）上の文章を読んで、答えましょう。

犬は、どんな動物だと言っていますか。正しいものに○、そうでないものに×をしましょう。（5×4）

（　）かしこくて、活発。
（　）走るのがはやくない。
（　）人間と同じくらいの大きさ。
（　）人間となかよくなれる。

（二）（　）に当てはまる言葉を□からえらんで書きましょう。（5×4）

はたらく犬は、（　）としての特長を（　）、（　）して、（　）された犬なのです。

おさえたり	見つけたり	犬	動物
訓練	し育	生かしたり	

（三）もうどう犬について答えましょう。（10×5）

① 目の不自由な人にとって、どのようなはたらきをしますか。
（　）

② しつけは、いつから受けますか。
（　）

③ いちばんさいしょにする訓練は、どんなことですか。
（　）

④ いちばんむずかしい命令は、何ですか。
（　）

⑤ なぜ、その命令がむずかしいのですか。
（　）

（四）もうどう犬にとって、できなければいけない大切なことは何ですか。（10）
（　）

もうどう犬の訓練 (2)

名前

次は、人を安全にみちびく訓練です。

この訓練が始まると、「ハーネス」という器具が犬の体に取りつけられます。つれている人がハーネスをにぎると、犬の動きがつたわってきます。

あぶないものの前で止まったり、それをよけて進んだりすることを、くり返しくり返し教えこまれます。たとえば、だんになっている所では、つまずいて転ばないように、かならず一度止まります。電柱があれば、つれている人がぶつからないように、上手によけるようにします。

使っている人にとってきけんな命令には、したがわないことも教えられます。

たとえば、自動車が走ってくる所で、わざと「ゴー」（進め）と命令し、命令どおりに進むと自動車とぶつかりそうになるという訓練をします。

このような訓練をくり返して、あぶないときは、「ゴー」と言われても、前へ進まないことをおぼえるのです。

（東京書籍　新編新しい国語　3年（下）　吉原順平）

（一）上の文章を読んで、答えましょう。

上の文章は、もうどう犬のどんな訓練について書かれていますか。（10）

（　　　　）

（二）① 訓練で、犬の体に取りつけられている器具を何と言いますか。（10×2）

（　　　　）

② ①の器具をにぎっていると、つれている人に何がつたわりますか。

（　　　　）

（三）訓練では、犬にどんなことが教えられますか。二つ書きましょう。（10×2）

（　　　　）

（　　　　）

（四）（三）の訓練をして、できるようになることに○、そうでないことに×をしましょう。（10×5）

（　　）だんになっている所では、かならず一度止まる。

（　　）電柱があるとぶつかるので、進まない。

（　　）電柱があると、ぶつからないように上手によける。

（　　）自動車が走ってくる所で「ゴー」（進め）と命令されても進まない。

（　　）どんな時も、つれている人の命令にしたがう。

もうどう犬の訓練(くんれん) (3)

名前

訓練(くんれん)を通して、もうどう犬にふさわしい心がまえも身につけていきます。

もうどう犬は、たくさんの人がいそがしく動き回っている町で仕事をします。そこでは、いろんなことに出会います。しかし、どんなことがあっても、おこったり、ほえたり、あばれたりしてはいけません。また、仕事中は、人にあまえたり、じゃれたり、おいしそうなにおいのする方に行こうとしたりしてはいけません。さらに、他の犬がほえても、気にしないこともひつようです。

こうした訓練は、約(やく)三か月から半年かかります。さらに仕上げの一か月は、実さいにもうどう犬を使う人といっしょに生活し、いっしょに町を歩く練習をします。

訓練を終えて一人前になったもうどう犬は、八年から十年ぐらい、使う人とくらしてはたらきます。目の不自由(ふじゆう)な人にとって、もうどう犬は体の一部であり、心の通う家族なのです。

（東京書籍　新編新しい国語　3年（下）　吉原(よしはら)　順平(じゅんぺい)）

上の文章を読んで、答えましょう。

(一) もうどう犬にふさわしい心がまえとは、どんなことでしょう。三つ書きましょう。（10×3）

（　　　　）

（　　　　）

（　　　　）

(二) （　）に当てはまる言葉を、文中からえらんで書きましょう。（7×10）

① もうどう犬にふさわしい心がまえを身につける訓練は、約（　　）から（　　）かかります。さらに仕上げの（　　）は、実さいにもうどう犬を使う人といっしょに生活し、いっしょに（　　）を歩く練習をします。

② 一人前になったもうどう犬は、（　　）から（　　）ぐらい、使う人とくらしてはたらきます。

（　　）の不自由な人にとって、もうどう犬は（　　）の一部であり、（　　）の通う（　　）なのです。

めだか（1）

名前

めだかの学校は　川の中
そっとのぞいて　みてごらん
そっとのぞいて　みてごらん
みんなで　おゆうぎ
しているよ

（茶木　滋『めだかの学校』より）

春になると、小川や池の水面近くに、めだかがすがたをあらわします。めだかは、大変小さな魚です。体長は、三、四センチメートルにしかなりません。

めだかは、のんびり楽しそうに泳いでいるようですが、いつも、たくさんのてきにねらわれています。「たがめ」や「げんごろう」、「やご」や「みずかまきり」などの、水の中にいるこん虫は、とくにこわいてきです。大きな魚や「ざりがに」にもおそわれます。

では、めだかは、そのようなてきから、どのようにして身を守っているのでしょうか。

まず、第一に、小川や池の水面近くでくらして、身を守ります。水面近くには、てきがあまりいないからです。

第二に、すいっ、すいっとすばやく泳いで、身を守ります。近づいてきたてきから、さっとにげることが上手です。

第三に、小川や池のそこにもぐっていって、水をにごらせ、身を守ります。近づいてきたてきに見つからないようにかくれるのです。

第四に、何十ぴきも集まって泳ぐことによって、身を守ります。てきを見つけためだかが、きけんがせまっていることを仲間に知らせると、みんなはいっせいにちらばります。そして、てきが目うつりしている間に、にげてしまいます。

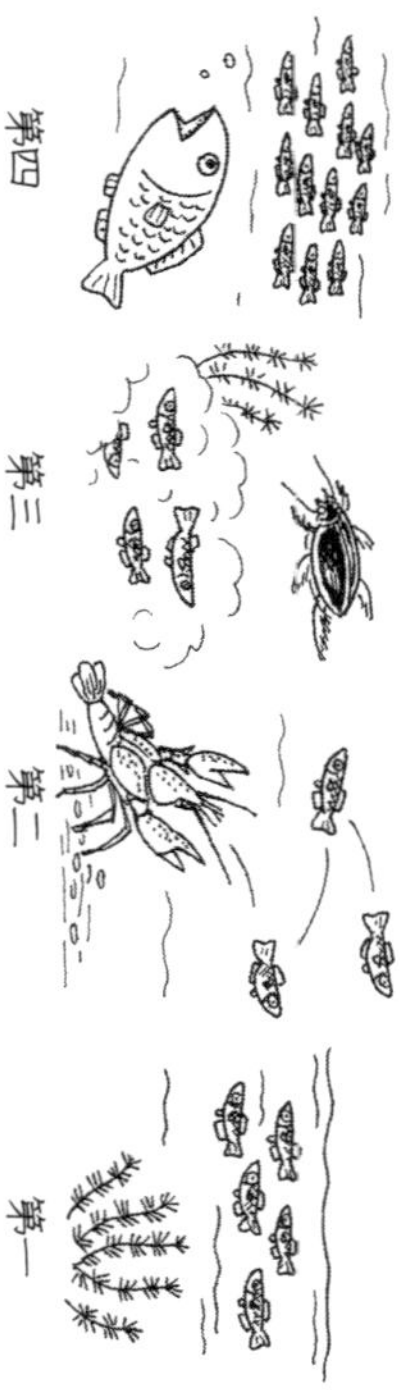

（教育出版　ひろがる言葉　小学国語　3年（上）　杉浦宏）

上の文章を読んで、答えましょう。

(一) めだかが、のんびり楽しそうに泳いでいる様子を、『めだかの学校』のうたの中では、どのように言っていますか。(15)

（　　　　）

(二) ① めだかのてきの中で、こん虫の名前を四つ書きましょう。(5×4)

「　　」「　　」「　　」「　　」

② ①のこん虫はどこにすんでいますか。(10)

（　　　　）

③ めだかは、①のほかに、どんなものにおそわれますか。(15)

（　　　　）

(三) 次の上の文は、めだかの、てきからの身の守り方について書いてあります。下の、そうするわけと——でむすびましょう。(10×4)

小川や池の水面近くでくらす	てきに見つからないようにかくれるため
小川や池のそこにもぐって、水をにごらせる	てきがあまりいないから
すばやく泳ぐ	仲間に知らせて、てきを目うつりさせるため
何十ぴきも集まって泳ぐ	てきから、さっとにげるため

めだか

(2)

名前

① めだかは、こうして、てきから身を守っているだけではありません。めだかの体には、自然(しぜん)のきびしさにもたえられる、アとくべつな仕組みがそなわっているのです。

② 夏の間、何日も雨がふらないと、小川や池の水がどんどん少なくなり、「ふな」や「こい」などは、次々に死んでしまいます。

③ ㋐ 、めだかは、体が小さいので、わずかにのこされた水たまりでもだいじょうぶです。小さな水たまりでは、水温がどんどん上がりますが、めだかの体は、四十度近くまで水温が上がってもたえられるようにできています。

④ ㋑ 、大雨になると、小川や池の水があふれ、めだかは大きな川におし流されてしまいます。大きな川から海に流されてしまうこともあります。ふつう、真水でくらす魚は、海水では生きることができませんし、海にすむ魚は、真水の中では死んでしまいます。

⑤ しかし、めだかは、真水に海水のまざる川口(かわぐち)ふきんでも生きることができます。めだかの体は、海水にもたえられるようにできているのです。海に流されためだかは、㋒ みちしおに乗って、川にもどってくることもできます。

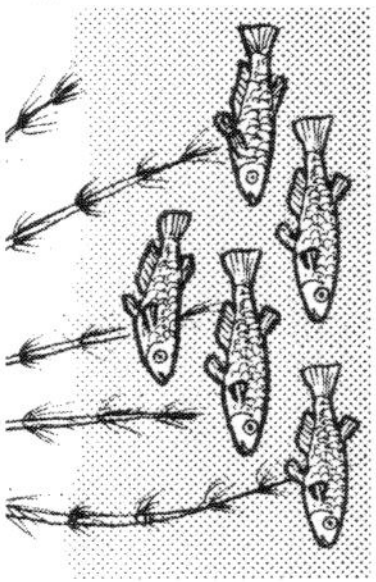

⑥ 小川や池の中で泳いでいるめだかを見ると、㋓ 「おゆうぎ」をしているようにしか見えないかもしれません。しかし、めだかは、いろいろな方法(ほう)でてきから身を守り、自然のきびしさにたえながら生きているのです。

(教育出版 ひろがる言葉 小学国語 3年(上) 杉浦宏(すぎうらひろし))

上の文章を読んで、答えましょう。

(一) めだかの体にそなわっているアとくべつな仕組みについて書かれているだん落は、②〜⑥のうち、どれでしょう。番号を二つ書きましょう。(10×2)

( ) ( )

(二) 次の文で、正しいものに○、そうでないものに×をしましょう。(6×5)

( ) めだかは、体が小さいので、小さな水たまりでも生きていける。

( ) 真水でくらす魚は、海水でも生きていける。

( ) めだかの体は、水温が上がってもたえられる。

( ) めだかは、真水でも海水でも生きられる。

( ) 海に流されためだかは、そのまま海で生きる。

(三) ㋐〜㋓の □ に当てはまる言葉を、[ ] からえらんで書きましょう。(5×4)

㋐( ) ㋑( )

㋒( ) ㋓( )

やがて・また・ただ・でも

(四) 真水でくらす魚と、めだかのちがいをまとめましょう。(15)

( )

(五) 海にすむ魚と、めだかのちがいをまとめましょう。(15)

( )

森のスターやまね(1)

名前

「やまねを知っていますか？」とたずねたら、名前を知っている人はいるかもしれません。けれども、どのような生活をしているか、くわしく知っている人は少ないでしょう。

やまねは、およそ数百万年いじょうものむかしから日本にすんでいて、日本にいる動物の中で、もっとも古くからいるしゅるいの一つだと考えられています。今は、本州、四国、九州と隠岐のしまの森にすんでいます。

やまねの頭からおしりまでの体長は、およそ八センチメートルです。おしりの先には、やく五センチメートルのしっぽがあり、ふさふさした毛でおおわれています。体重は十八グラムほどで、一円玉なら十八まい分となります。木の上で生活していて、一日のうち昼間は休み、夜になると森の中を動き回ります。

やまねの仲間は、ヨーロッパ、ロシア、アフリカ、中央アジア、中国などにもいます。ロシアでは、やまねのことを「ソーニャ」といいます。「ねむそうな人」という意味です。イギリスでは「ドウマウス」といい、これは「ねているねずみ」という意味です。中国では「シュイシュ」といい、漢字で「睡鼠」(ねむるねずみという意味)と書きます。やまねは、世かいじゅうで、よくねむる動物だと思われているのです。

やまねがいるところ

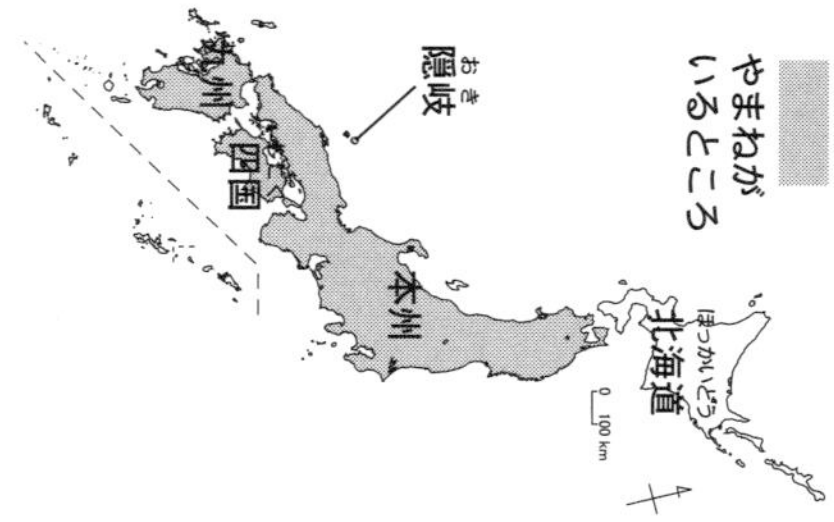

(教育出版 ひろがる言葉 小学国語 3年(上) 湊秋作)

上の文章を読んで、答えましょう。

(一) 文中に、書かれていることには○、そうでないものには×をしましょう。(10×5)

( ) やまねを知っている人の数について
( ) 日本には、むかしからやまねがすんでいることと、今すんでいるところについて
( ) やまねの体の大きさや重さについて
( ) やまねのすきな食べ物について
( ) 世かいじゅうのやまねの仲間について

(二) 今、やまねは、日本ではどこの森にすんでいますか。文中より書き出しましょう。(5×4)

( )
( )
( )
( )

(三) やまねの体の様子について、□に当てはまる言葉や数字を書き入れましょう。(3×6)

やまねの体長は、およそ□センチメートルです。おしりの先には、やく□センチメートルの□があり、ふさふさした□でおおわれています。体重は□グラムほどで、一円玉なら□まい分です。

(四) やまねは、世かいじゅうで、どのような持ちをもつ動物だと思われていますか。(12)

( )

森のスケーター やまね (2)

名前

こんなに小さくてねてばかりいる動物が、どうして、長い間生きぬいてこられたのでしょうか。

一つめの理由は、木の上ですばやく動くことができる体つきにあります。やまねの四本の足は、体の横から出ているため、えだをかかえやすくなっています。また、つめは、わしのくちばしのような形のかぎづめになっていて、みきやえだをひっかけやすくなっています。やまねは、このような足を使い、さかさまになって、えだの下をするするとすばやく走ります。また、やまねは小さくて軽いので、木の先の細いえだの下でも、すべるようにつたっていくことができます。その様子は、まるで森のスケーターです。えだの下を走るのは、ふくろうなどの天てきに見つかりにくいからともいわれています。

二つめの理由は、木の上での生活にてきしたせい長の仕方にあります。生後二日めのやまねの子どもは、まだ目もあかず、動き回ることもできません。しかし、さかさまになってえだなどにつかまることはできます。天てきのいる森で生活するやまねには、早くからえだにつかまる力がひつようなのです。

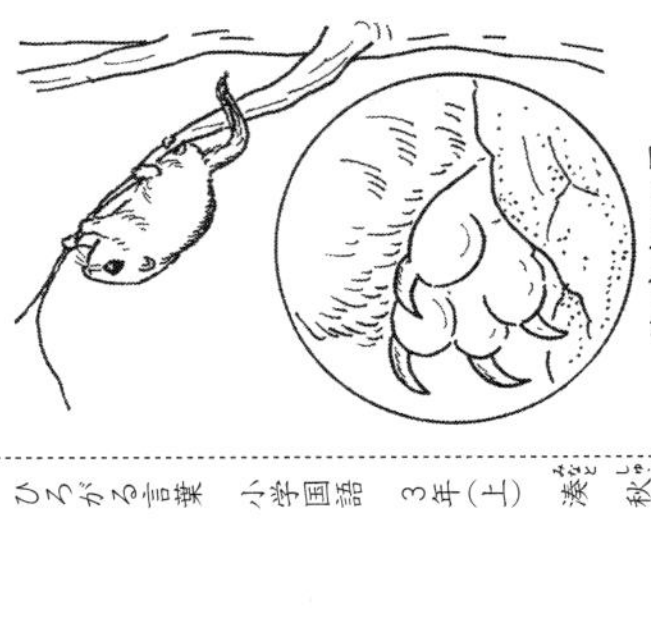

やまねの足

（教育出版　ひろがる言葉　小学国語　3年（上）　湊 秋作）

(一) 上の文章には、小さくてねてばかりいるやまねが、長い間生きぬいてこられた理由が二つ書かれています。次の（　）にあてはまる文を書きましょう。(10×2)

① 一つめの理由は、（　　）にあります。

② 二つめの理由は、（　　）にあります。

(二) やまねの四本の足の特ちょうについて答えましょう。(10×5)

① 足はどこから出ていますか。（　　）

② ①のことから、どんなよいことがありますか。（　　）

③ どんなつめをしていますか。（　　）

④ ③のことから、どんなよいことがありますか。（　　）

⑤ この足を使って、えだの下をすばやく走るときは、どんなかっこうになるのですか。（　　）

(三) ① 木の先の細いえだの下を、すべるようにつたっていける様子を、まるでなんのようだと言っていますか。□に書きましょう。(10)

□□□□□□□

② えだの下を走るとよい理由を書きましょう。(10)

（　　）

(四) 次の□にあてはまる言葉を書きましょう。(5×2)

□のいる森で生活するやまねには、早くから□がひつようだ。

森のスケーター やまね (3)

名前

三つめの理由は、様子をつたえ合う鳴き声にあります。人間に言葉があるように、やまねにもいくつかの鳴き声があります。めすとおすがけっこんする時、おすはめすに「すき」という気持ちをつたえる声を出します。おすどうしがけんかする時は、こうげきすることを表す声を出します。子どもがこまった時に出す声は、母親に子どもの世話をしようと思わせるはたらきがあり、この声は、ふくろうには聞こえない高い音です。このように、やまねの声は、子どもをのこすためにも、気持ちをつたえ合うのにもやく立っているのです。

　四つめの理由は、自然(ぜん)の森にあるいろいろなものを食べることにあります。冬みんからさめた春から、次の冬みんに入る秋までの間、やまねはきせつによって花のふんやみつ、あけびなどの木のみ、えいようが多くふくまれたかれた木の皮、そして、ガやかなぶんなどの虫を食べます。秋のおわりになると、えいようをたくわえて太り、長い冬みんのじゅんびをします。

花のみつをなめるやまね

虫を食べるやまね

（教育出版 ひろがる言葉 小学国語 3年(上) 湊(みなと) 秋作(しゅうさく)）

(一) 上の文章には、小さくてねてばかりいるやまねが長い間生きぬいてこられた、三つめと四つめの理由が書かれています。次の（　）にあてはまる文を書きましょう。(10×2)

① 三つめの理由は、（　　　　）にあります。

② 四つめの理由は、（　　　　）にあります。

(二) ① 次のやまねの鳴き声は、それぞれどのような時に出すのでしょう。合うものを——でむすびましょう。(10×3)

- 「すき」という気持ちをつたえる声 ・　　・ おすどうしがけんかをする時
- こうげきすることを表す声 ・　　・ めすとおすがけっこんする時
- ふくろうには聞こえない高い音の声 ・　　・ 子どもがこまった時

② やまねの声は、何のために役立っていますか。二つ書きましょう。(10×2)

（　　　　）

（　　　　）

(三) ① やまねの食べ物を四つ書きましょう。(5×4)

（　　）（　　）（　　）（　　）

② やまねが、秋のおわりになると、えいようをたくわえて太るのは、どうしてですか。(10)

（　　　　）

森のスケーター やまね (4)

名前

五つめの理由は、冬みんの仕組みにあります。やまねは、さむい地方では秋から春までの一年の半分ほどを、おち葉やかれた木の中で、何も食べずにねむりつづけます。冬みん中、やまねは体をつめたくして体温をぐんと下げ、動きません。それで、たくわえたえいようをできるだけ使わないようにしています。えさのないきびしい冬の間、やまねにとって、ねむることは生きることなのです。

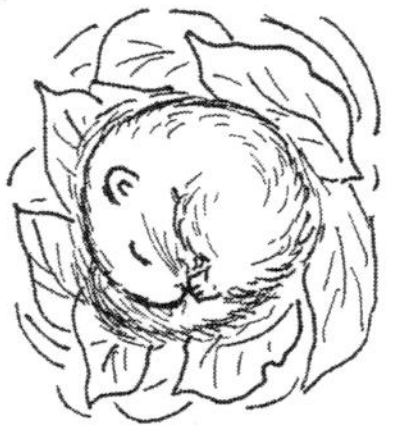
冬みんしているやまね

冬みんから目ざめたやまね

［ ㋐ ］、冬みん中に、まわりの温度が下がりすぎて、きん肉も血もこおりつくきけんがせまると、やまねは体温を自然(ぜん)に上げはじめ、目をさましてあん全な冬みん場所にうつります。こたつやエアコンが、きまった温度になると自動てきに動き出す仕組みを、小さな体の中にもっているのです。

このような理由で、やまねは、長い間、日本の森で生きのびてきました。小さくてよくねむることは、天てきから身を守ったり、きびしい自然の中で生きていったりするための、たくみな方ほうだったのです。

［ ㋑ ］、さい近、やまねはほろぶことが心配される動物に指定されました。やまねには、花やみがゆたかで、虫もたくさんいる広い自然の森がひつようです。日本では、そんな自然の森がへってきて、やまねにとってすみづらくなっています。やまねのすむ森を守るためにも、やまねをもっとよく知ることが大切なのです。

（教育出版 ひろがる言葉 小学国語 3年(上) 湊(みなと) 秋作(しゅうさく)）

(一) 上の文章には、小さくてねむってばかりいるやまねが長い間生きぬいてこられた、五つめの理由がまとめて書かれています。五つめの理由を七文字で表している言葉をぬき書きしましょう。(10)

□□□□□□□

(二) やまねの冬みんについて、正しい文に○、そうでない文に×をしましょう。(10×4)

(　　) やまねは、さむい地方では、一年のほとんどをねむりつづける。

(　　) おち葉やかれた木の中で、何も食べずにねむりつづける。

(　　) 体温を下げて、動かないのは、たくわえたえいようをできるだけ使わないため。

(　　) まわりの温度が下がりすぎると、やまねも体温をぐんと下げ、動かない。

(三) ㋐・㋑の［　］に当てはまる言葉を、［　］からえらんで書きましょう。(10×2)

㋐ (　　　　)

㋑ (　　　　)

たとえ・もし
だから・しかし

(四) やまねが、小さくてよくねむることは、何のための方ほうと言っていますか。(10)

(　　　　　　)

(五) さい近、やまねが、ほろぶことが心配される動物に指定され、日本がやまねにとってすみづらくなってきているのは、なぜですか。(10)

(　　　　　　)

(六) やまねのすむ森を守るために、大切なことはどんなことですか。(10)

(　　　　　　)

広い言葉、せまい言葉(1)

名前

ここに、三まいの写真がならんでいます。右の写真はシオカラトンボ、まん中はハグロトンボ、左はオニヤンマです。

この三つは、体の長さもちがうし、形もみんなちがいます。[㋐]、この三つは、どれもトンボの仲間(なかま)です。[㋑]、この三つをまとめて、トンボということができます。

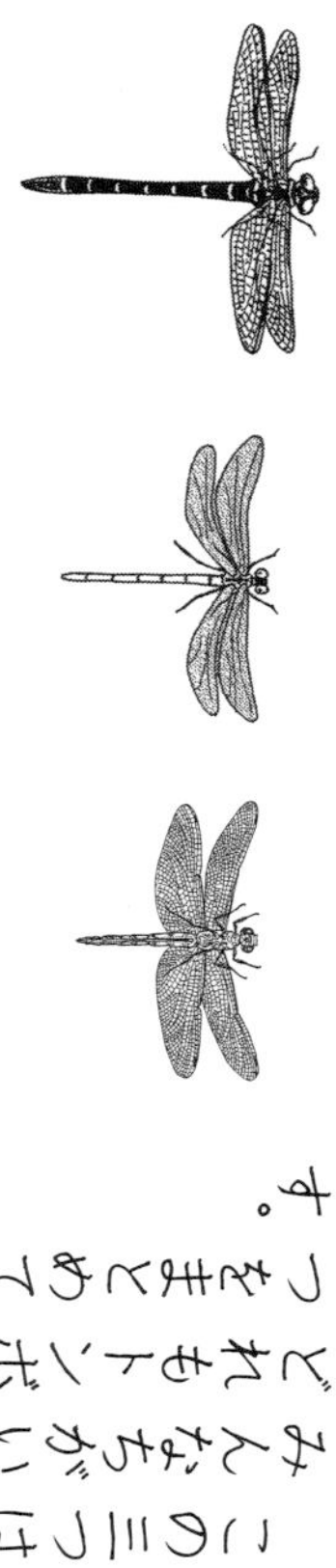

左下の絵を見ると、シオカラトンボ・ハグロトンボ・オニヤンマは小さな箱、トンボは大きな箱になっています。大きな箱は、中が広いので、小さな箱がみんな入ってしまいます。ほかに、ギンヤンマ・アオイトトンボなども入れることができるわけです。つまり、「トンボ」という言葉は、シオカラトンボ・ハグロトンボ・オニヤンマ……より、「広い意味をもった言葉」ということになります。図に表せば、次のようになるでしょう。

トンボ
- シオカラトンボ
- ハグロトンボ
- オニヤンマ
- ……
- ……

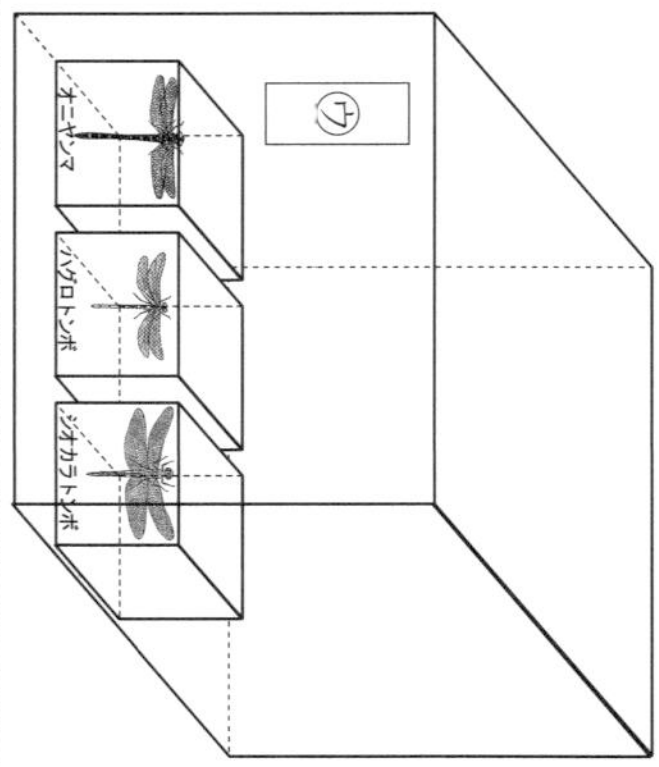

(教育出版 ひろがる言葉 小学国語 3年(下) 福沢周亮)

上の文章を読んで、答えましょう。

(一) ① 三つの写真のもので、ちがうことを二つ書きましょう。(10×2)

( ) ( )

② 三つの写真のものは、何の仲間ですか。(10)

( )の仲間

(二) ㋐・㋑の[ ]に当てはまる言葉を、[ ]からえらんで書きましょう。(10×2)

㋐( ) ㋑( )

そして・ですから
しかし・または

(三) ① オニヤンマは、大きな箱・小さな箱のどちらに入りますか。(10×3)

( )

② ギンヤンマ・アオイトトンボなどは、大きな箱・小さな箱のどちらに入りますか。

( )

③ トンボは、大きな箱・小さな箱のどちらに入りますか。

( )

(四) 「トンボ」という言葉は、シオカラトンボ・ハグロトンボ・オニヤンマ……という言葉より、「広い意味をもった言葉」ですか。「せまい意味をもった言葉」ですか。(10)

( )

(五) 「左下の絵」の中の、[㋒]に当てはまる言葉を書きましょう。(10)

㋒( )

広い言葉、せまい言葉 (2)

名前

今度は、次のページの三まいの写真を見てください。上はシオカラトンボです。これはトンボの仲間（なか）でしたね。まん中はヒグラシですが、ミンミンゼミ・アブラゼミなどといっしょに、セミの仲間です。同じように考えて、下のモンシロチョウは、チョウの仲間となります。

さて、この三つを何か一つの言葉でまとめることができるでしょうか。シオカラトンボ・ハグロトンボ・オニヤンマ・……をトンボという言葉でまとめたように、トンボ・セミ・チョウも、ほかの一つの言葉でまとめようというのです。なんという言葉か、わかりますか。

トンボもセミもチョウも、六本のあしをもっていて、頭・むね・はらの三つに分かれています。㋐このようなとくちょうをもっているものは、「こん虫」とよばれています。下の絵のように、「こん虫」という言葉は、トンボ・セミ・チョウ・……よりも、もっと「広い言葉」というわけです。

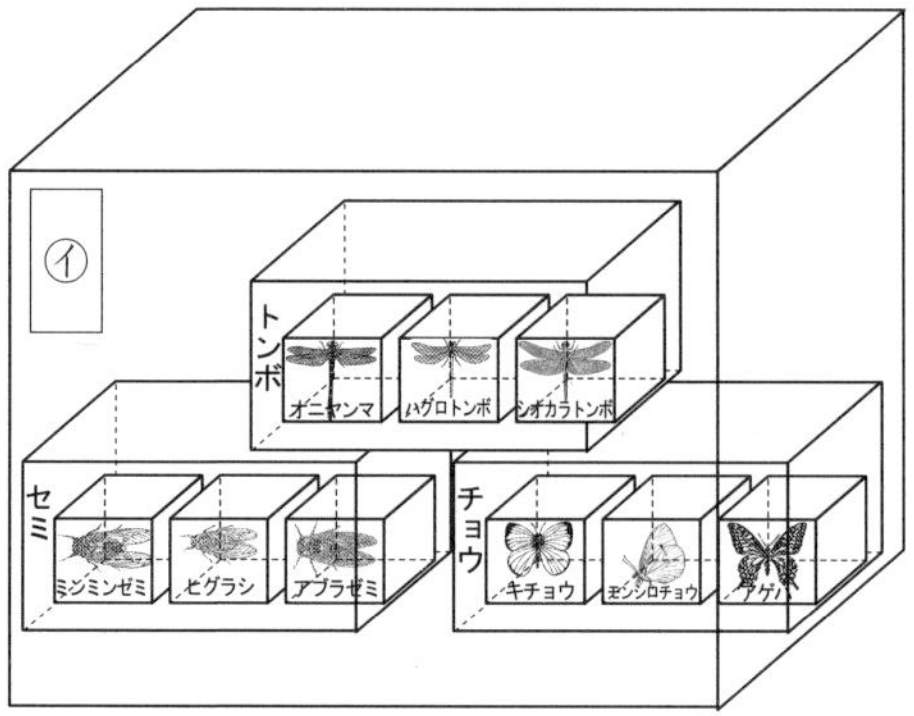

(教育出版　ひろがる言葉　小学国語　3年(下)　福沢（ふくざわ）周亮（しゅうすけ）)

上の文章を読んで、答えましょう。

(一) 次のものは、何の仲間ですか。――でむすびましょう。 (10×3)

ヒグラシ　・　　・セミの仲間
シオカラトンボ　・　　・チョウの仲間
モンシロチョウ　・　　・トンボの仲間

(二) シオカラトンボのほかに、文中に書かれているトンボの仲間を二つ書きましょう。 (10×2)

（　　　　）（　　　　）

(三) ヒグラシのほかに、文中に書かれているセミの仲間を二つ書きましょう。 (10×2)

（　　　　）（　　　　）

(四) ㋐「このような」というのは、どのようなことですか。文中からぬき出して書きましょう。 (10)

（　　　　）

(五) ① 「左下の絵」の中の ㋑ に当てはまる言葉を書きましょう。 (10×2)

（　　　　）

② 次の □ に当てはまる言葉を書きましょう。

「こん虫」という言葉は、トンボ・セミ・チョウ……よりも、もっと「□」といえます。

広い言葉、せまい言葉 (3)

名前

最後に、右のもうひと組みの写真を見てください。上のシオカラトンボを、これまで出てきたうちでいちばん「広い言葉」で表すと、「こん虫」という言葉になりますね。同じように、まん中のリュウキンは「キンギョ」の仲間であり、もっと「広い言葉」で表せば「魚」の仲間となります。下の白色レグホンは、もちろん「鳥」の仲間です。

それでは、今度はこの三つの仲間を、何かほかの一つの言葉でまとめてみましょう。なんという言葉か、わかりますか。

「動物」がそれにあたります。これを絵にかくと、「動物」の箱は、こん虫・魚・鳥の箱を入れても、ほかにまだいろいろな箱が入るほど大きなものになるでしょう。

こうしてみると、「動物」は、大変「広い言葉」だといえます。かなり「広い言葉」だと思った「こん虫」が、「動物」とくらべると「せまい言葉」になってしまうのです。トンボ・チョウなどは、もっと「せまい言葉」になります。

では、「動物」より「広い言葉」はないのでしょうか。わたしたちは、「動物」と「植物」をまとめて、「生物」という言葉があることを知っています。

この「生物」にくらべると、あれほど「広い言葉」だと思った「動物」も、実は「せまい言葉」になってしまうのです。

（教育出版 ひろがる言葉 小学国語 3年(下) 福沢周亮）

上の文章を読んで、答えましょう。

(一) 次のものは、これまで出てきたうちでいちばん「広い言葉」で表すと、何と言えるでしょうか。「　」に書きましょう。(10×3)

シオカラトンボ → 「　　」
リュウキン → 「　　」
白色レグホン → 「　　」

(二) (一)の三つの仲間を、ほかの一つの言葉でまとめると、何と言いますか。(10)

「　　」

(三) 上の説明文の中で、いちばん「広い言葉」と言えるのは何ですか。(12)

「　　」

(四) 次の図の①～⑥にあてはまる言葉を、［　］よりえらんで、(　)に記号で書きましょう。(8×6)

- ①
  - ③
  - ②
    - ④ — トンボ、バッタ……
    - ⑤ — キンギョ、サンマ……
    - ⑥ — 白色レグホン、インコ……
    - ……

① (　)　③ (　)　⑤ (　)
② (　)　④ (　)　⑥ (　)

ア 動物　イ 鳥　ウ 魚
エ 生物　オ 植物　カ こん虫

くらしと絵文字（1）

名前

絵文字の第一の特長は、その絵を見たしゅん間に、その意味がわかることです。

(ウ)の絵文字は、テレビなどの天気予ほうで、よく見るものです。わたしたちは、これを見たしゅん間に、それぞれの地方の天気予ほうを知ることができます。

(ウ)

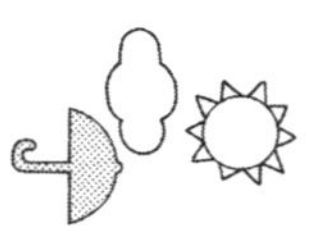

(エ)の絵文字は、「こわれやすい品物を送る箱にはってあるものです。「こわれやすい物なので、取りあつかいに注意してください。」という意味がわかりますね。

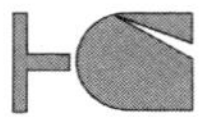

(エ)

絵文字の第二の特長は、つたえる相手に親しみや楽しさを感じさせる、ということです。

(オ)の絵文字は、万国はくらん会など、人がどっと集まる場所で使われたものです。ないている子どもが「まい子」を表していることは、すぐわかりますね。「お子さんがまい子になったかたや、まい子を見つけたかたは、どうぞこちらへれんらくしてください。」という、やさしい心づかいがつたわってくるように思われます。

(オ)

動物の足あとの絵文字をたどっていくと、その動物に会える動物園もできました。道に記された、動物の足あとをたどっていくのです。子どもたちは、たんけんをしているような楽しさを感じることでしょう。(カ)の絵文字は、アメリカのある動物園のものです。

(カ)

（教育出版　ひろがる言葉　小学国語　3年（下）　大田幸夫）

上の文章を読んで、答えましょう。

(一) 絵文字の特長を二つ書きましょう。 (15×2)

第一の特長（　　　　）

第二の特長（　　　　）

(二) (エ)の絵文字の意味を書きましょう。 (15)

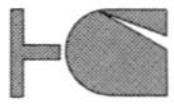

（　　　　）

(三) ① (オ)の絵文字は、何を表していますか。 (10)

（　　　　）

② (オ)の絵文字があると、どんな心づかいがつたわってきますか。 (15)

（　　　　）

(四) ① (カ)の絵文字が使われている動物園では、子どもたちは、どんなことを感じると書かれていますか。 (15)

（　　　　）

② つぎの足あとをたどると、どんな動物に会えますか。 (15)

（　　　　）

くらしと絵文字 (2)

名前

絵文字の第三の特長は、その意味が言葉や年れいなどのちがいをこえてわかる、ということです。

デパートやえい画館などで、

(キ)

(キ)のような絵文字を見たことがあるでしょう。この絵文字は、日本全国から集まった三千点をこえるデザインの中から、けむりの中での見え方の実験などを行って、えらばれたものです。この絵文字は、国際会議でも、いちばんよいとされました。「地しんや火事のときは、ここからにげなさい。」ということが、外国の人々にも、おさない子どもたちにもすぐわかります。言葉や年れいなどのちがう人でも、絵文字を使えば、つたえたいことが同じようにわかるのです。

絵文字の特長をこのように考えてくると、わたしたちのくらしの中で、絵文字がたくさん使われている理由がはっきりしてきます。

(教育出版 ひろがる言葉 小学国語 3年(下) 太田 幸夫)

(一) 上の文章を読んで、答えましょう。

絵文字の第三の特長を書きましょう。 (10)

(　　　　　　　　)

(二) (キ)の絵文字について答えましょう。 (10×5)

① どんな場所で見られますか。文中から答えましょう。

 (　　　)(　　　)など

② (キ)の絵文字は、たくさんのデザインの中から、何を行って、えらばれましたか。

(　　　　　　　　)

③ (キ)の絵文字は、どういう意味を表していますか。

(　　　　　　　　)

④ この絵文字が、国際会議でもいちばんよいとされたのは、どういう理由からですか。

(　　　　　　　　)

(三) 次の文で、絵文字について正しいものに○、そうでないものに×をしましょう。 (10×4)

(　) 絵文字には、見る人の年れいによって、ちが う表し方をする時もある。

(　) 言葉のちがう人でも、絵文字を使えば、つた えたいことが同じようにわかる。

(　) 絵文字の特長を考えていくと、絵文字がたく さん使われている理由がはっきりしてくる。

(　) 絵文字の特長を考えていくと、外国と交流す ることの大切さがわかってくる。

とんぼのひみつ

名前

夏から秋にかけて、あちらこちらの水辺でたくさんのとんぼを見かけます。わたしたちにとって、とんぼはとても身近なこん虫です。[　㋐　]、そのとんぼたちが、いろいろなひみつをもっているのを知っていますか。

まず、一つめのひみつは、そのしゅるいがとても多いことです。日本には、およそ二百しゅるい、世界には、なんとやく五千しゅるいものとんぼが生きています。

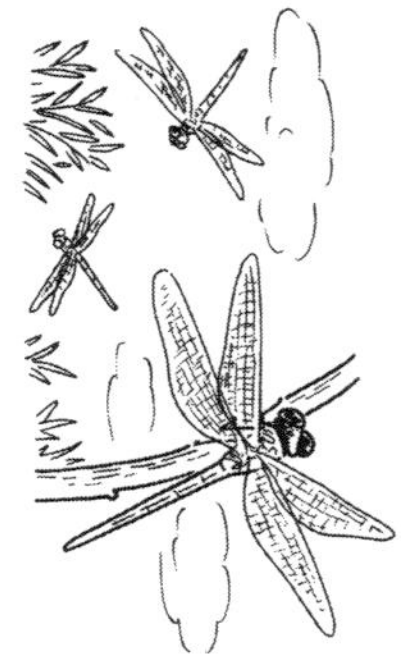

二つめのひみつは、とても古くから地球にすんでいることです。とんぼの祖先が生まれたのは、やく三億年前です。日本には、ムカシトンボというめずらしいとんぼがいます。このとんぼは、「生きた化石」とよばれています。一億五千万年ほど前に生きていたとんぼによくにているからです。

三つめのひみつは、そのとびかたです。四まいの羽をじょうずに動かして、時速百キロメートルものスピードを出したり、バックやちゅうがえりをしたりすることもできます。

[　㋑　]、身近なとんぼにも意外と知られていないことがあります。同じ地球にすむなかまとしては、人間よりもずっと先ぱいのとんぼには、まだわたしたちの知らないたくさんのひみつがかくされているかもしれません。

上の文章を読んで、答えましょう。

(一) ㋐㋑の[　]に入る言葉を[　]からえらんで書きましょう。(6×2)

それでも　ところで　このように

㋐（　　）　㋑（　　）

(二) とんぼのひみつについて、どんなことが書かれていますか。三つ書きましょう。(10×3)

（　　）
（　　）
（　　）

(三) とんぼのしゅるいは、どれくらいありますか。(10×2)

① 日本には（　　）
② 世界には（　　）

(四) ムカシトンボについて答えましょう。(10×2)

① このとんぼは、何とよばれていますか。（　　）
② それは、どうしてですか。（　　）

(五) 人間ととんぼのことを、どのように書いていますか。[　]に言葉を書きましょう。(6×3)

同じ[　　]にすむ[　　]としては、とんぼは人間よりもずっと[　　]である。

先ぱい・地球・なかま

ミラクル　ミルク（1）

名前

　お母さんのおちち（ミルク）を飲んで大きくなる動物のことを、ほにゅう動物といいます。犬・ねこ・牛・馬・くじらなど、たくさんいます。わたしたち人間も、同じなか間です。

　ほにゅう動物の赤ちゃんは、ほかの動物からミルクをもらうことは、ア<u>めったにありません</u>。ところが人間の赤ちゃんは、お母さんのミルクを飲んだり、牛にゅうという牛のミルクを飲んだりしています。大きくなってからも牛にゅうを飲みます。

　人間にミルクをくれる動物には、やぎ・らくだ・馬・牛・トナカイなどがいます。その中でも、人間にミルクをくれる動物の代表は、牛です。牛のミルクは、動物のミルクの中でいちばん多く利用されています。これは、一回にとれるミルクのりょうが、ほかの動物にくらべてとても多いからです。

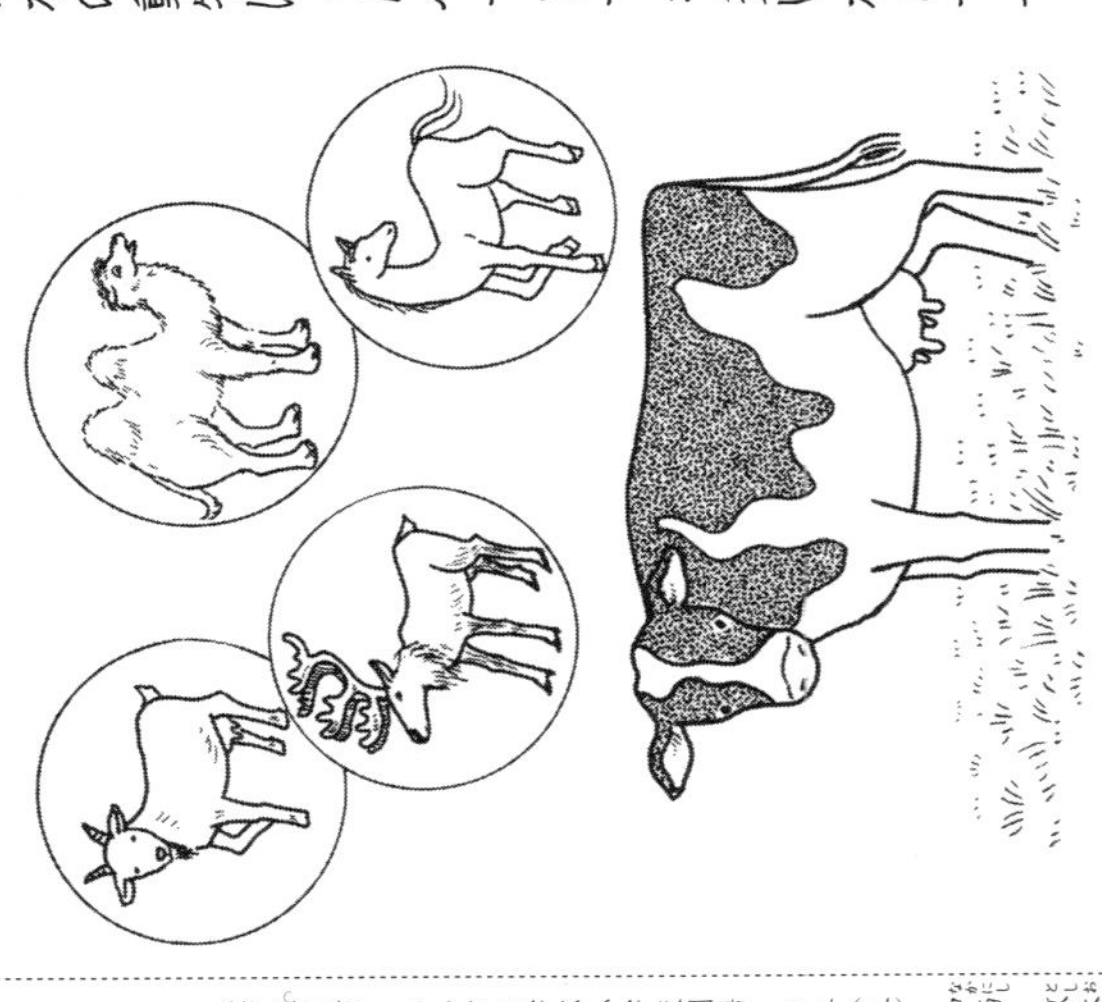

（学校図書　みんなと学ぶ小学校国語　3年（上）　中西敏夫）

上の文章を読んで、答えましょう。

（一）ほにゅう動物というのは、どんな動物のことですか。（10）

（　　　　　　　　　　）

（二）ほにゅう動物のなかまを、上の文から六つ書きましょう。（5×6）

（　　　）（　　　）
（　　　）（　　　）
（　　　）（　　　）

（三）ア<u>めったにありません</u>。の意味に当てはまるものに、一つ○をしましょう。（5）

（　）よくある　（　）ほとんどない　（　）ぜんぜんない

（四）① ミルクの飲みかたで、人間の赤ちゃんは、ほかの動物とくらべて、どんなところが同じですか。（10×2）

（　　　　　　　　　　）

② ちがうところはどこですか。

（　　　　　　　　　　）

（五）人間にミルクをくれる動物を、上の文から五つ書きましょう。（5×5）

（　　　）（　　　）
（　　　）（　　　）
（　　　）

（六）牛のミルクがいちばん多く利用されるのは、なぜですか。（10）

（　　　　　　　　　　）

ミラクルミルク (2)

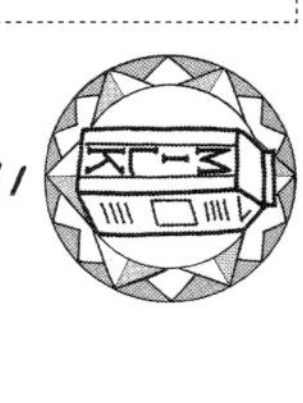

名前

ところで、みなさんは、動物のミルクがミラクル（ふしぎなこと）を起こして、さまざまな物に変身することを知っていますか。

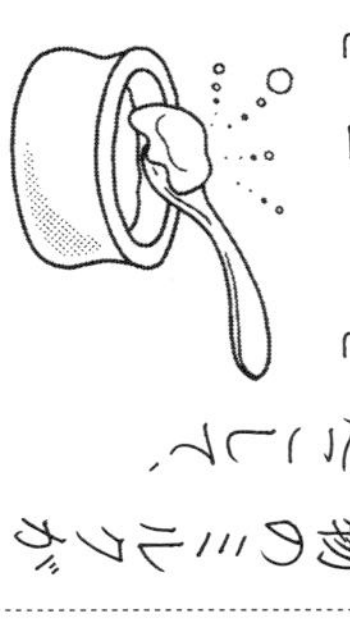

まず、一つめのミラクルはヨーグルトです。動物のミルクを利用しはじめたのは、今のエジプトの近くに住む人たちです。この地方では、暑いときには日中の気温が五十度近くにもなります。ここにミルクをおきっぱなしにすると、いろいろな菌が空気中からとびこんできて、どんどんふえていきます。このとき、ミルクの中に、にゅうさん菌という菌が入ると、ミルクの変身が起きます。それまで水のようにさらっとしていたミルクが、だんだんどろっとしてきて、食べてみると少しすっぱい味になります。これがヨーグルトで、人間がミルクから作り出したさいしょの食べ物だと言われています。にゅうさん菌のおかげで、ミルクはくさらずにヨーグルトにかわりました。

二つめのミラクルは、バターです。ミルクをかき回すと、白いかたまりができます。これは、ミルクの中のしぼう（油）がかたまった物です。こうしてできたかたまりがバターです。バターは、ほかの油にくらべて味やかおりがよく、料理につかうと、とてもおいしくなります。また、ケーキなどのおかし作りにもつかいます。

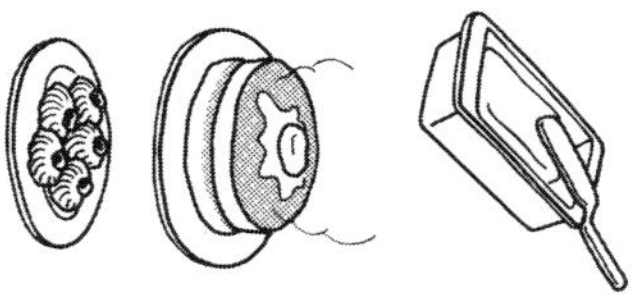

（学校図書　みんなと学ぶ小学校国語　３年（上）　中西敏夫）

上の文章を読んで、答えましょう。

(一) 動物のミルクが、ミラクルを起こして変身するものを二つ書きましょう。(10×2)

（　　　　）（　　　　）

(二) ヨーグルトについて、答えましょう。

① 動物のミルクを利用しはじめたのは、どこに住む人たちですか。(10)

（　　　　）

② 五十度ぐらいの暑さにミルクをおきっぱなしにすると、ミルクはヨーグルトになりますか。ヨーグルトがどうやってできるか、くわしく書きましょう。(10)

（　　　　）

③ ヨーグルトは、食べるとどんな味がしますか。(10)

（　　　　）

④ 次の□に当てはまる言葉を書きましょう。(6×5)

ヨーグルトは、□が□から作り出した□の食べ物だと言われています。ミルクがくさらずに□にかわったのは□のおかげです。

(三) ① バターは、ミルクの中の何がかたまった物ですか。(10)

□□□

② バターは、どんなことにつかわれていますか。二つ書きましょう。(5×2)

（　　　　）（　　　　）

ミラクル ミルク (3)

名前

学校図書 みんなと学ぶ小学校国語 3年(上) 中西敏夫

三つめのミラクルは、チーズです。むかし、アラビアの人が、ひつじの胃ぶくろをほして作った水とうにミルクを入れて出かけました。暑いさばくをぬけ、夕方、その水とうからミルクを飲もうとすると、中から白いかたまりが出てきました。食べてみると、とてもおいしいのです。それは、ミルクがひつじの胃の中で変化した物だと分かりました。これが、チーズのはじまりです。

チーズは、ミルクの中のたんぱくしつがかたまってできた食べ物です。子ひつじの胃には、ミルクの中のたんぱくしつをかためるはたらきをする物があったのです。そこで、人々はくふうして、自分たちの手でアそれができるようにしました。チーズはえいようがあり、とてもおいしいので、今では世界じゅうの人々が食べています。

このように、動物のミルクは、ヨーグルト・バター・チーズに変身し、おいしくてとてもえいようのある食べ物を、わたしたちにあたえてくれます。イこれらの食べ物には、大切な動物のミルクを大じにつかいたいという、人々の気もちとくふうが表れているのではないでしょうか。

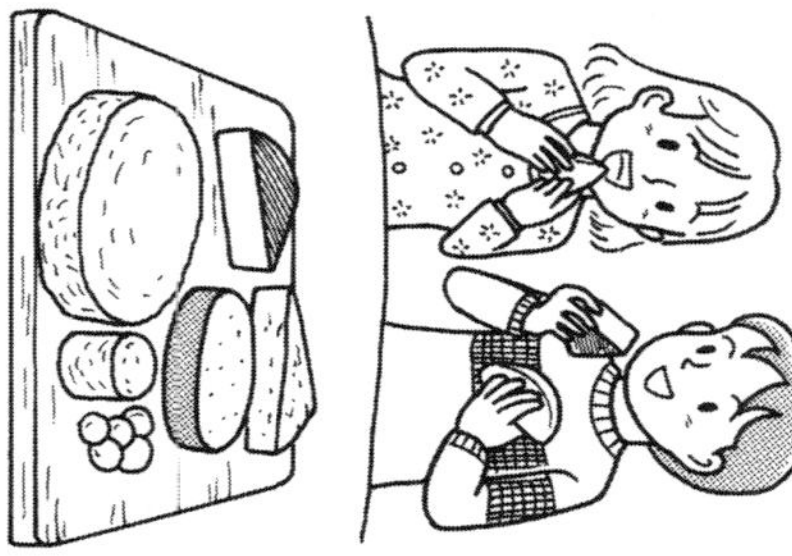

上の文章を読んで、答えましょう。

(一) アラビアの人は、何にミルクを入れて出かけましたか。(10)

（　　　　）

(二) 白いかたまりは、今では何とよばれているものですか。(10)

□□□

(三) チーズは、何がかたまったものですか。(10)

ミルクの中の□□□□□□がかたまったもの

(四) アそれとは、何をさしていますか。正しいものに○をしましょう。(10)

（　）ひつじの胃でできたチーズをもらうこと

（　）たんぱくしつをたくさん作ること

（　）ミルクの中のたんぱくしつをかためること

(五) 今では世界じゅうの人々がチーズを食べているのは、なぜでしょう。理由を二つ書きましょう。(10×2)

（　　　　）

（　　　　）

(六) イこれらの食べ物とは、どんなものですか。三つ書きましょう。(10×3)

（　　）（　　）（　　）

(七) (六)の食べ物には、人々のどんな気もちとくふうが表れていると書かれていますか。(10)

（　　　　）

年の始まり

(1)

名前

秋も深まり、年のくれが近づくと、新しい年をむかえるじゅんびが始まります。

正月には、一年の始まりをいわう行事があります。昔から、正月には年神様が町や村の家々にやって来るとしんじられてきました。そして、正月の行事は、年の始まりに当たって年神様をむかえ、一年の安全と幸福をいのるために行われるのです。

今は、一月一日から七日まで、つまり門(かど)松(まつ)の立ててある期間を「松の内」とよんで、正月と考えています。そのほか、一月十一日ごろからじゅんびに入って、十四日・十五日を中心にいろいろな行事を行う期間があります。①これを、ふつう、「小正月(こしょうがつ)」といいます。②これは、昔の人が、一月一日からおよそ一か月間の長い間を、正月と考えていたなごりです。

また、二月四日か五日の立春の前の日に、節(せつ)分の行事をして、悪やけがれをはらうのは、やはり、立春を年の始まりと考えていたことのなごりです。

門松

(学校図書　みんなと学ぶ小学校国語　3年(下)　宮本(みやもと)袈裟雄(けさお))

上の文章を読んで、答えましょう。

(一) ① 正月には、町や村の家々に何が来るとしんじられてきましたか。 (10×2)

(　　　　)

② 正月の行事は、何をいのるために行われるのでしょう。

(　　　　)

(二) 今の正月に当てはまるものに○を、昔の人が考えていた正月に当てはまるものに△をしましょう。 (10×3)

(　) 一月一日から七日まで

(　) 一月一日からおよそ一か月間

(　) 「松の内」(門松の立ててある期間)

(三) ① 節分の行事は、いつ行われますか。 (10)

(　　　　)

② 節分の行事は、何のために行われるのでしょう。 (10)

(　　　　)

(四) 次のことがらを、一年の中で早いじゅんになるように、(　)に番号を書きましょう。 (10)

(　) 立春　(　) 松の内

(　) 小正月　(　) 節分

(五) ①これ ②これ それぞれ、何をさしていますか。 (10×2)

①これ (　　　　)

②これ (　　　　)

年の始まり

(2)

名前

小正月にはまた、子どもたちが家々を回って歩く行事もあります。

静岡県のある土地では、一月十五日の朝早く、子どもたちが「成り申そう」という歌を歌いながら、かきやくりなどの実のなる木をたたき、終わると木にあずきがゆをぬって歩き回る行事があります。これは、作物のゆたかな実りをねがうもので、「なる木ぜめ」などの名前で、全国でも同じような行事が見られます。

新潟県のある土地では、十三日から十五日までの三日間、鳥追いの行事をします。五才から十五才までの子どもたちが、くるみの木で作った木刀を持って、「鳥追い歌」を歌いながら、村じゅうをねり歩きます。これは、ゆたかな実りをいのるとともに、作物をあらす悪い鳥を追いはらうための行事です。また「もぐら打ち」とよんで、子どもたちがきねやわらたばで畑をたたいて歩く行事があります。これも、もぐらが田畑をあらさないようにというねがいがこめられています。

「もぐら打ち」（新潟県）

同じ「もぐら打ち」が、長崎県のある土地では、家々がさかえるようにいのる行事になっています。その土地では、子どもたちが、青竹の先にわらをむすびつけたものを持って、家々を回り、門前の土をたたいて、いわいの言葉をとなえます。

（学校図書　みんなと学ぶ小学校国語　3年（下）宮本　袈裟雄）

(一) 上の文章は、何について書かれていますか。いちばんよいものに、一つ○をしましょう。(9)

（　）作物のゆたかな実りをねがう行事について

（　）「なる木ぜめ」という行事について

（　）子どもたちが家々を回る、小正月の行事について

(二) 次のそれぞれの土地では、どんな行事がされていますか。線でむすびましょう。(7×3)

静岡県・　　・家々がさかえるようにいのる行事

新潟県・　　・鳥追いの行事

長崎県・　　・「なる木ぜめ」

(三) 静岡県のある土地の行事について答えましょう。(10×2)

① 子どもたちは、どんなことをしますか。

（　　　　）

② ねがいごとは何ですか。

（　　　　）

(四) 鳥追いの行事について答えましょう。(10×3)

① 子どもたちは、どんなことをしますか。

（　　　　）

② ねがいごとは何ですか。二つ書きましょう。

（　　　　）

（　　　　）

(五) 新潟県での「もぐらうち」の行事について答えましょう。(10×2)

① 子どもたちは、何をしますか。

（　　　　）

② ねがいごとは何ですか。

（　　　　）

12 合図としるし（1）

名前

1
わたしたちは、人に何かを知らせたいときに、合図やしるしを使うことがあります。
合図としるしには、音・光・色などが、よく使われます。また、数字や形を使うこともあります。
わたしたちの生活の中で、合図やしるしがどのように使われているか、調べてみましょう。

2
げんかんのチャイムが鳴ると、だれかが来たということが分かります。家族の場合は、人によって鳴らし方を決めておけば、だれが帰ってきたのかを知ることもできます。
消防車や救急車・パトロールカーなどは、それぞれ、ちがった音のサイレンを鳴らしながら走ります。
このように、わたしたちの生活には、音を使って何かを知らせる場合が、たくさんあります。

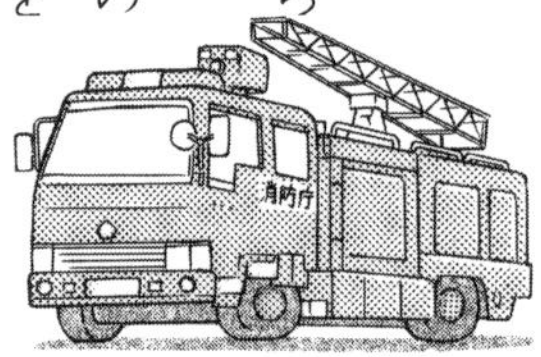
消防車

3
町の交差点にある信号機には、青や黄や赤の明かりがついて、それぞれ「進め」「注意」「止まれ」を表します。

また、自動車には、赤や黄色のランプがついています。ブレーキをかけるときは、赤のランプがついて、後ろの車にスピードを落とすことを知らせます。右や左に方向をかえるときは、黄色のランプを点めつさせて、ほかの車や歩いている人に知らせます。

夜間に道路工事をするときも、ランプを使って、工事中であることを知らせます。

このように、光で合図することも、少なくありません。

方向をかえることを知らせる車

上の文章を読んで、答えましょう。

（一）合図やしるしは、どのようなときに使われますか。（10）
（　　　　）

（二）合図としるしに使われるものを1の文よりえらんで、五つ書きましょう。（5×5）
（　　）（　　）（　　）（　　）（　　）

（三）2と3の文章は、それぞれ、何を使った合図やしるしについてせつ明していますか。（　）に書きましょう。（10×2）
2…（　　　）を使った合図やしるし
3…（　　　）を使った合図やしるし

（四）2を読んで答えましょう。（10×2）
① げんかんのチャイムについて、家族のだれが帰ってきたのかを知る方法は、どんなことですか。
（　　　　）
② 見えなくても、消防車や救急車・パトロールカーのうちの、どれが走っているのがわかるのは、なぜですか。
（　　　　）

（五）光で合図をしているものには○、そうでないものには×をしましょう。（5×5）
（　）町の交差点の信号機
（　）げんかんのチャイム
（　）夜間の道路工事中のランプ
（　）方向をかえることを知らせる自動車のランプ
（　）消防車のサイレン

合図としるし (2)

名前

道路の所々に、下の絵のような道路ひょうしきや点字ブロックがあります。これは、安全に通行ができるようにするため、道路を通る車や人に、いろいろなことを知らせているのです。それぞれ、形や絵がらが、きちんと定められています。

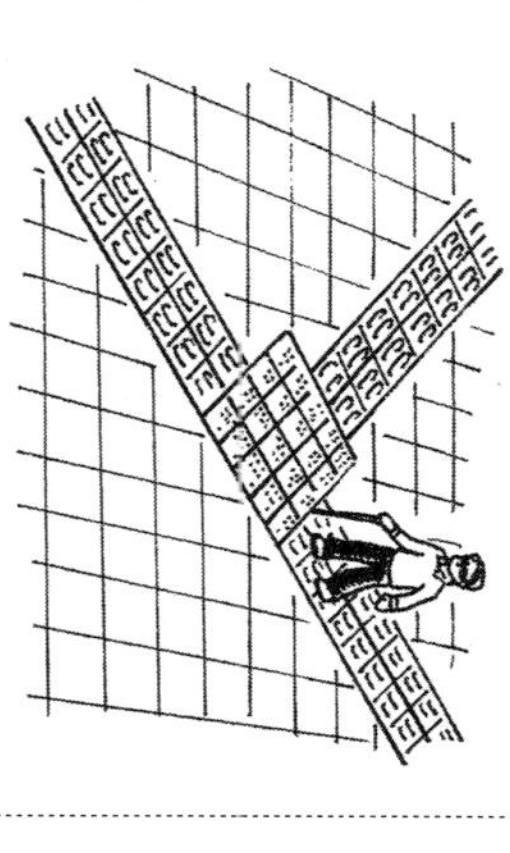

点字ブロック

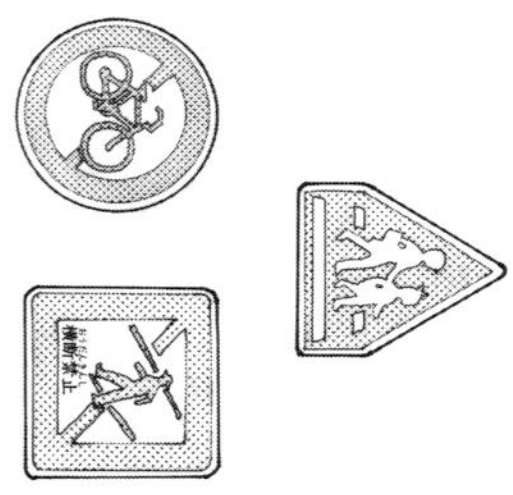

道路ひょうしき

また、このような形や絵がらを、もっとかんたんにしたのが、記号です。

地図の記号

地図に使われる記号（上図）がそのれいです。どれも、かんたんで、ひと目で分かるはっきりした形をしています。

算数では、＋（足す）－（引く）×（かける）÷（わる）などの記号を使います。式を書いたり、計算をしたりするとき、これらの記号を使うと、言葉で書き表すより、ずっとべんりです。

わたしたちの生活には、このように合図やしるしがたくさん使われています。身近にあって意外に気づかない合図やしるしに、あらためて目をとめてみましょう。

上の文章を読んで、答えましょう。

(一) 上の文章は、何について書かれていますか。よいものに一つ、◯をつけましょう。(10)

（　）わたしたちが生活していくためには、たくさんの合図やしるしをおぼえなくてはいけない。

（　）わたしたちの生活には、合図やしるしがたくさん使われている。

（　）わたしたちの生活には、使っていない合図やしるしもたくさんある。

(二) ⑦これは、何をさしていますか。(10)

（　　　　）

(三) 道路ひょうしきや点字ブロックは、何のためにあるのですか。文中から、当てはまるところをぬき出して書きましょう。(10)

（　　　　）

(四) 形や絵がらを、もっとかんたんにしたものを何と言いますか。(8)

（　　　　）

(五) 次のことがらをせつ明しているものを――でむすびましょう。(10×3)

地図の記号 ・　　・ 形や絵がらがきちんと定められている

算数の記号 ・　　・ ひと目で分かるはっきりした形

道路ひょうしき ・　　・ 言葉で書き表すより、ずっとべんり

(六) 次の記号は、何のしるしですか。□にア～ウで答えましょう。(8×4)

 □　　÷ □

文 □　　卍 □

ア、地図の記号　イ、算数の記号　ウ、道路ひょうしき

動物たちのしぐさ (1)

名前

ゾウが、大きな耳をぱたぱたとふっていることがあります。ア このしぐさは、何を表しているのでしょうか。

ゾウの動きをよく見ていると、耳をふるのは暑い日に多いことがわかります。ゾウは、耳をふることによって、体をひやしたり、体に風をおくったりしているのです。

イ それは、わたしたち人間が、「今日は、暑いね。」と言いながら、うちわであおいだり、せんぷうきにあたったりするのとにています。

わたしたちが、思わず、「暑い。」と言いたくなるような日には、動物たちもやっぱり暑いと感じているのです。そして、感じたことが、しぐさとなって表れます。ですから、しぐさは、体で表すことばだと言ってもよいでしょう。

（大阪書籍 小学国語3年（上） 加藤由子）

(一) 上の文章を読んで、答えましょう。
ア このしぐさについて答えましょう。 (10×5)

① 「この」は、どんなしぐさですか。
（　　　　）

② このしぐさは、どんな日にすることが多いですか。
（　　　　）

③ 何のために、そのしぐさをするのでしょう。
（　　　　）

④ このしぐさは、人間のするどんなことににていますか。二つ書きましょう。
（　　　　）
（　　　　）

(二) イ それは何をさしていますか。 (10)
（　　　　）

(三) 次の（　）に当てはまる言葉を、文中よりさがして書き入れましょう。 (6×5)

わたしたちが、思わず「（　　　）。」と言いたくなるような日には、（　　　）もやっぱり（　　　）と感じている。そして、（　　　）が、（　　　）となって表れる。

(四) 動物たちにとって、しぐさは何だといえますか。 (10)
（　　　　）

動物たちのしぐさ (2)

名前

では、ア**みなさんがよく知っている動物たちのしぐさ**が、何を表しているか考えてみましょう。

イヌが、耳をぴんと立て、鼻にしわをよせて歯をむき出し、うなることがあります。こういうイヌのしぐさに出会ったら、みなさんは、イヌが今どんなふうに感じていると思いますか。

また、耳をふせて目を細め、首やしっぽを下げ、下げたしっぽは、後ろ足の間に入れていることがあります。これは、どうしてでしょうか。

これらのしぐさは、おこったり、こわがったりしていることを表します。

オオカミやキツネもイヌのなかまで、しぐさが表すことは、どれもよくにています。

おや、ネコが、耳を立てて首を前の方にのばし、体をひくくしながら、ゆっくりと前へすすんでいます。目は、イ**一つのもの**をしっかり見つめています。しっぽは水平にのばして、その先だけが、ぴくぴくと動いています。何をしようとしているのでしょうか。

これは、何かをつかまえようとねらっているのです。ねらっているのは、[　　　]、ネコのえものになる生き物です。

（大阪書籍　小学国語3年（上）加藤由子）

上の文章を読んで、答えましょう。

(一) ア**みなさんがよく知っている動物たちの名前**を、文中から四つ書きましょう。(10×4)

（　　　）（　　　）（　　　）（　　　）

(二) イヌが、耳をぴんと立て、鼻にしわをよせて歯をむき出し、うなっているとき、これらのしぐさは何を表していますか。(10)

（　　　）

(三) イヌがこわがっているとき、どんなしぐさをしますか。(15)

（　　　）

(四) イ**一つのもの**とは、何をさしていますか。(10)

（　　　）

(五) ネコが、何かをつかまえようとねらっているときのしぐさは、どんなしぐさですか。くわしく書きましょう。(15)

（　　　）

(六) [　　　]にあてはまる言葉を、次の中からえらんで○をつけましょう。(10)

（　）たいてい　（　）だから　（　）かならずしも

自転車の活やく (1)

名前

今、わたしたちのくらしている社会では、人や物を運ぶいろいろな乗り物が発明されています。その一つに、自転車があります。

自転車は、たくさんの人や物を運ぶことでは、ひこうきや電車や自動車などにはかないませんが、自転車には、ひこうきや電車や自動車などが決してまねのできないことがあるのです。

では、まねのできないこととは、どんなことでしょうか。

ひこうきや電車や自動車などは、とても大きくて重くて、たくさんのエネルギー（動かすための力）を使います。そのために、空気のよごれやうるさい音などが問題になっています。

それにくらべると、重さが十～十五キログラムほどの自転車は、ア ちょっと見るとたよりない感じですが、どんなに重い人が乗っても楽々と走ることができます。そして、走るためにひつようなエネルギーは、乗る人の足の力だけですから、イ 空気もよごさず、うるさい音も出しません。

それに、自転車で走ると、せまい所でも入っていくことができますし、その場所の音やにおい、自然（しぜん）の細やかな表じょうを、はだで感じることができます。

このように、自転車は、ひこうきや電車や自動車などがまねのできないことをもっている、すぐれた乗り物なのです。

（大阪書籍　小学国語3年（下）高頭（たかとう）祥八（しょうはち））

上の文章を読んで、答えましょう。

(一) 自転車は、どういうことでは、ひこうきや電車や自動車にかないませんか。 (10)

(　　　)

(二) ① ひこうきや電車や自動車などで、問題になることはどんなことですか。二つ書きましょう。 (10×2)

(　　　)(　　　)

② それはどうしてですか。 (10)

(　　　)

(三) ① 自転車は、ア ちょっと見るとたよりない感じがするのはなぜですか。 (10)

(　　　)

② 自転車がイ 空気もよごさず、うるさい音も出さないのは、なぜですか。 (10)

(　　　)

(四) 自転車がすぐれた乗り物であることをせつ明している文に○を、そうでない文に×をつけましょう。 (5×8)

(　) どんなに重い人が乗っても楽々と走ることができる。

(　) たくさんの人や物を運ぶことができる。

(　) とても重くて、たくさんのエネルギーを使う。

(　) 空気をよごさず、うるさい音が出ない。

(　) せまい所でも入っていくことができる。

(　) その場所の音やにおい、自然の細やかな表じょうを、はだで感じることができる。

(　) エネルギーは、乗る人の足の力だけですむ。

(　) ほかの乗り物よりも速く走る。

自転車の活やく (2)

名前

　もう一つわすれてはならない自転車の活やくがあります。それは、一九九五年の阪神・淡路大震災のときのことです。バイクや自動車のように給油するひつようがなく、いざとなったらかつぐこともできる自転車は、どんな道も入っていけるので、物を運んだり、大事なことをれんらくしたりするのに、たいへん役立ったのです。

　自転車は世界じゅうの人がりようしている乗り物で、今、世界には八億台いじょうもの自転車があります。

　これほどりようしている自転車ですが、日本ではまだ、その使い方にいろいろ問題があります。たとえば、お年よりからは、「歩道を走る自転車がいちばんこわい」という声が出ていますし、駅の近くや商店がいでは、ところかまわずおかれた自転車が、歩く人のじゃまをしています。

　自転車が、歩く人をさまたげずに、かいてきに走ることができれば、いっそうべんりで楽しい乗り物になると思います。

（大阪書籍　小学国語３年（下）　高頭祥八）

上の文章を読んで、答えましょう。

(一) 阪神・淡路大震災のとき、自転車はどんなことに役立ったのですか。(10)

（　　　　）

(二) 震災のとき、自転車が役立ったわけを二つ書きましょう。(15×2)

（　　　　）

（　　　　）

(三) 自転車は、世界じゅうで、どのくらいの台数がありますか。(10)

（　　　　）

(四) 日本で、自転車の使い方で問題になっていることを二つ書きましょう。(15×2)

（　　　　）

（　　　　）

(五) 自転車についてのまとめの文です。次の□に当てはまる言葉を書きましょう。(5×4)

自転車が、□をさまたげずに□に走ることができれば、いっそう□で□乗り物になる。

思考力・表現力・活用力を高め、
よりPISA型をめざした

全文読解力問題

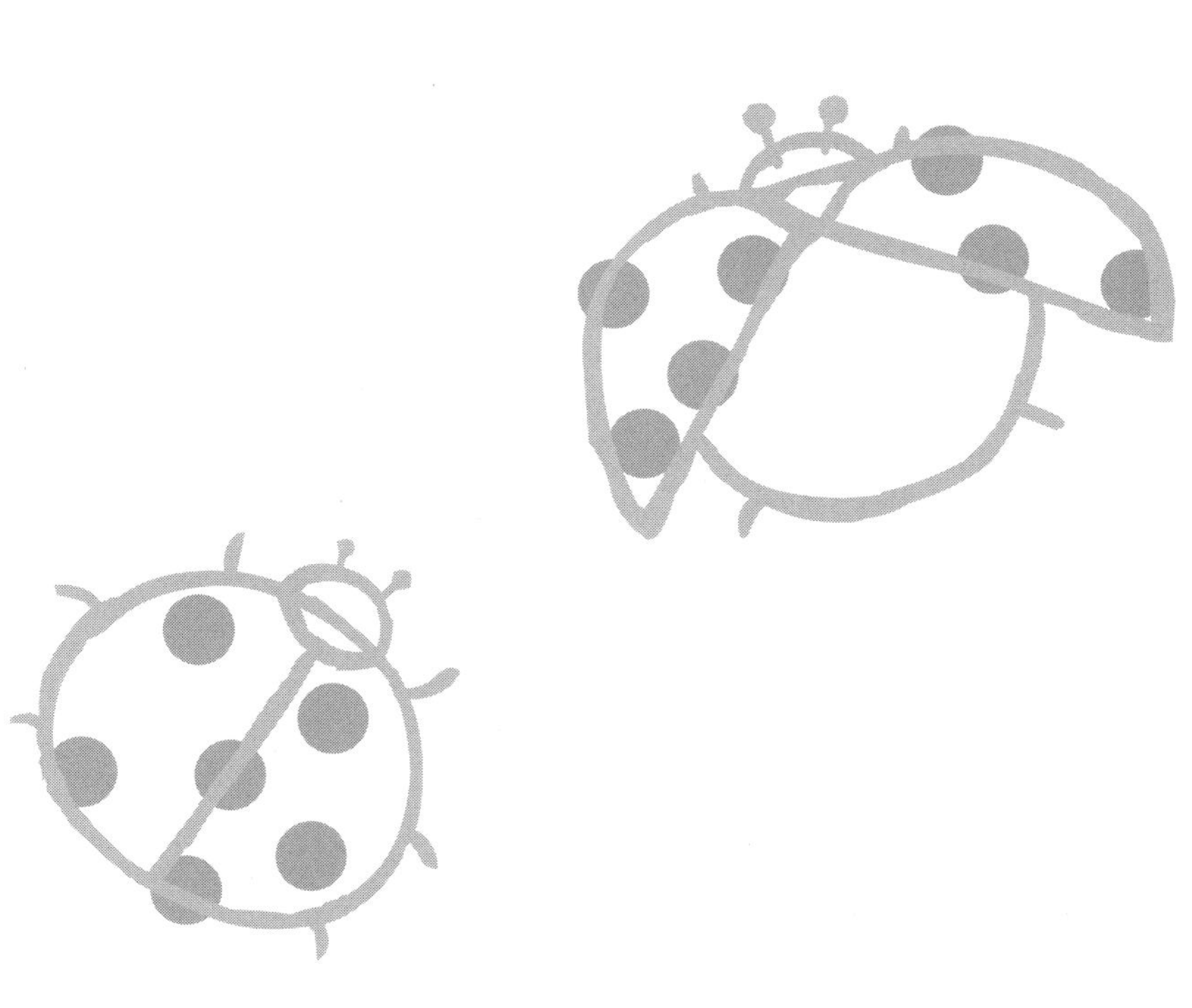

分類（るい）

名前

1 いろいろあるものを、同じとくちょうをもつものどうしまとめて、全体をいくつかの集まりに分けることを、「分類（るい）」といいます。

2 スーパーマーケットに行くと、やさいがおいてある所、おかしがおいてある所というように、売り場が分かれているのに気づきます。これは、お客さんが買う物を見つけやすいように、商品をとくちょうによって分類しているのです。

3 わたしたち自身も、気づかないうちに、生活の中で分類をしています。つくえやたんすに引き出しがいくつかあれば、ここには何を入れ、ここには何を入れると決めていませんか。それが分類です。

4 「同じとくちょうをもつ」といっても、ものとくちょうは一つとはかぎりません。どのとくちょうに目を向けるかがちがえば、分類のしかたもちがってきます。

5 たとえば、衣（い）類を入れるたんすの引き出しを、お兄さん・お姉さん・あなたの三人で使うとします。お兄さんが着るもの、お姉さんが着るもの、あなたが着るものという分け方をしたら、それは、衣類を「だれが着るものか」というとくちょうで分類したことになります。でも、シャツとブラウス、ズボンとスカート、はだ着という分け方にしたら、それは、衣類を「どのように着るものか」というとくちょうで分類したことになります。

6 また、一度分類したものも、その中でまた、べつのとくちょうに目をつければ、もっと細かく分けることができます。

7 たとえば、お兄さん・お姉さん・あなたで引き出しを一度分けたとします。その後で、あなたが自分で引き出しの中を区切って、はだ着とそうでないものに分けたり、上半身に着るものと下半身に着るものに分けたりすることもできます。

8 分類は、何かをしたり考えたりするとき、とても役に立ちます。また、分類しようとして考えているうちに、それまで気づかなかったとくちょうを見つけたり、分け始めてから、どのグループにも当てはまらないものを発見したりすることもあります。それに、分類のしかたには、どのとくちょうに目を向けたかという、分類した人のものの見方や考え方が表れることもおもしろいですね。

（光村図書　国語3年（上）わかば）

分類(るい)

名前

「分類」を読んで、答えましょう。

(一) この文章で、作者が言おうとしていることは、次のうちどれですか。番号で答えましょう。(10)

1 きせつがかわる時には、衣類の分類をしなおすとよいこと。
2 分類のしかたが上手なスーパーマーケットは、はんじょうすること。
3 たんすの引き出しは、分類をして、きょうだいでなかよく使うとよいこと。
4 分類のしかたは、する人のものの見方や考え方によって、いろいろあること。

(二) 次の文は、①～⑧のだん落の要点です。(　)にあてはまるだん落の番号を書きましょう。(5×8)

(　) たんすの引き出しを三人で使うときの分類の例
(　) わたしたちは、生活の中で、気づかないうちに分類をしている。
(　) 細かく分けた分類の例
(　) スーパーマーケットで、商品をとくちょうによって分類している例
(　) ものを、とくちょうでいくつかの集まりに分けることを、分類という。
(　) 一度分類したものも、もっと細かく分類することができる。
(　) どのとくちょうに目を向けるかによって、分類のしかたがちがう。
(　) 分類は、何かをしたり考えたりするとき、とても役立つ。

(三) スーパーマーケットに、トマトを買いに行きます。何がおいてある所へ行きますか。(8)

(　　)

(四) 次の衣類を、三つの引き出しに分けて入れます。

① 引き出しの□に、衣類の番号①～⑦を書いて、分類しましょう。(3×7)

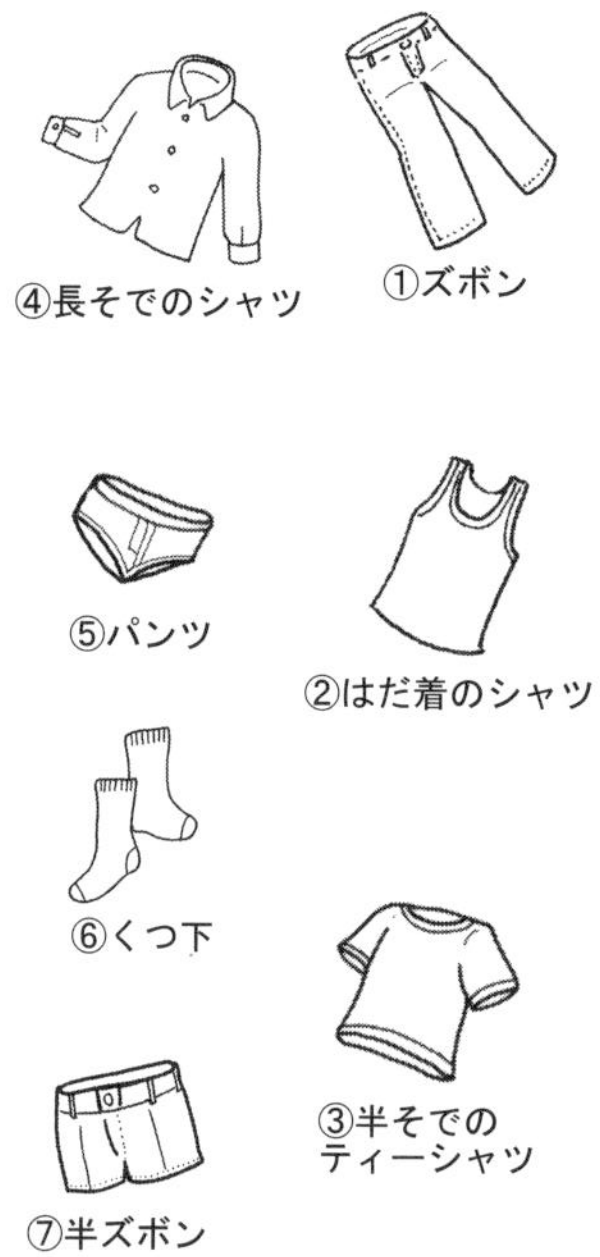

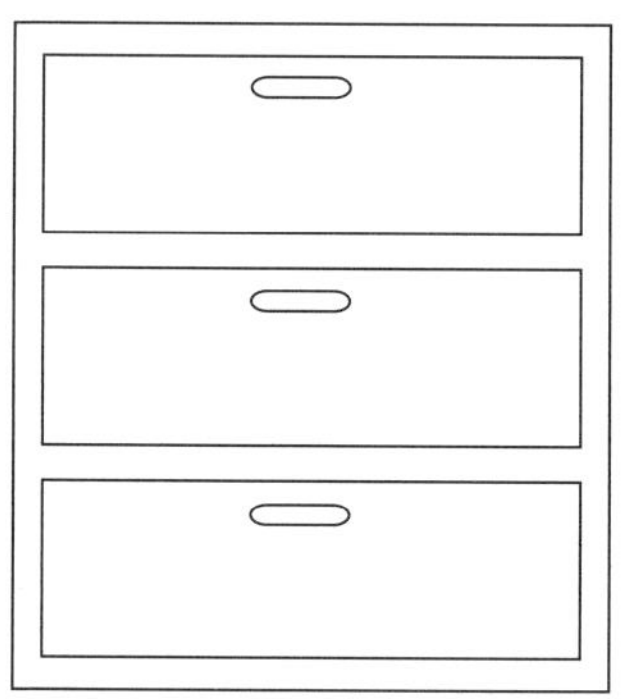

② あなたがどんなとくちょうで三つに分けたのか、せつめいしましょう。(7×3)

上の引き出し (　　)
中の引き出し (　　)
下の引き出し (　　)

自然のかくし絵

名前

木のみきにとまったはずのセミや、草のしげみに下りたはずのバッタを、ふと見うしなうことがあります。

セミやバッタは、木のみきや草の色と見分けにくい色をしています。まわりの色と見分けにくい体の色は、てきから身をかくすのに役立ちます。このように、身をかくすのに役立つ色のことをほご色といいます。

コノハチョウの羽は、表はあざやかな青とオレンジ色ですが、うらは、かれ葉のような色をしています。それに、羽をとじたときの形も木の葉そっくりです。ですから、木のえだにとまっていると、えだにのこったかれ葉と見分けがつきません。

このほかにも、ほご色によって上手に身をかくしているこん虫はたくさんいます。ほご色は、自然のかくし絵だということができるでしょう。

こん虫を食べる鳥やトカゲなどが色を見分ける力は、人間と同じくらいです。ですから、こん虫のほご色は、人間の目をだますのと同じくらいに、㋐これらのてきの目をだまして身をかくすのに役立っていると考えられます。

トノサマバッタは、自分の体の色がほご色になるような場所をえらんですんでいるようです。トノサマバッタには、緑色のものとかっ色のものがいます。野外で調べてみると、緑色の草むらにいるのは、ほとんど緑色のバッタで、かれ草やおち葉の上にいるのは、ほとんどがかっ色です。

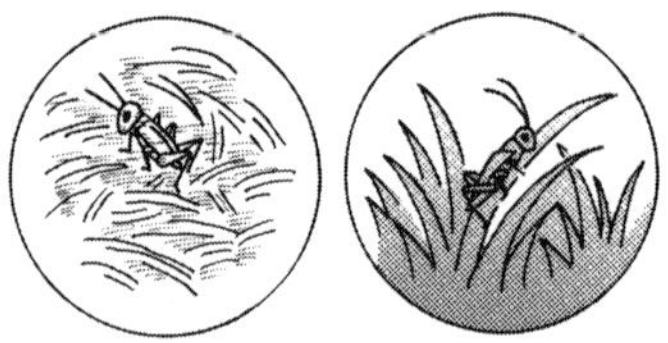

まわりの色が変化するにつれて、体の色がかわっていくこん虫もいます。ゴマダラチョウのよう虫は、エノキの葉を食べて育ちます。秋になって、エノキの葉が黄色くなるにつれて、この虫の体の色も、だんだん黄色にかわっていきます。

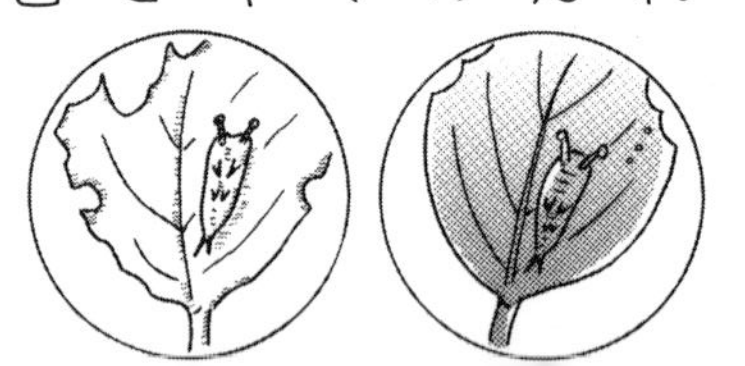

こん虫を観察してみると、一日のうちの決まった時間だけ活動し、ほかの時間はじっと休んでいます。多くのこん虫は、この長い時間休む場所の色に、にた色をしています。じっとしているかぎり、ほご色は、身をかくすのに役立ちます。

ところが、こん虫が自分の体の色と同じような色をした所にいたとしても、動いたときなどには、鳥やトカゲに食べられてしまうことがあります。鳥やトカゲなどは、ちょっとした動作を見のがさない、するどい目を持っているからです。

ほご色は、どんな場合でも役立つとはかぎりませんが、てきにかこまれながらこん虫が生きつづけるのに、ずいぶん役立っているのです。

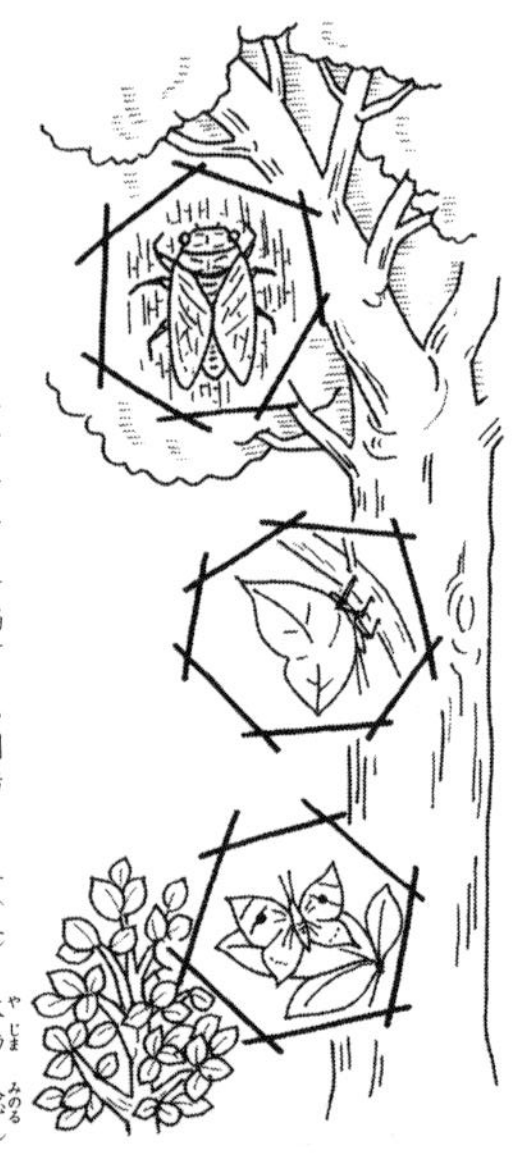

（東京書籍　新編新しい国語　3年（上）　矢島　稔）

自然のかくし絵

名前

「自然のかくし絵」を読んで、答えましょう。

(一) この文章で説明しているのは、次のうちどれについてですか。番号で答えましょう。(10)

1 自然の中には、いろんな絵がかくされている。
2 こん虫は、鳥やトカゲなどに食べられて、自然の中で生きつづけることはできない。
3 ほご色は、こん虫が生きつづけるために、ずいぶん役立っている。
4 自然の中のこん虫は、いろいろな色に変化して、とてもきれい。

(二) 文の中に出てくる、自然のかくし絵になるこん虫をぜんぶ書きましょう。(8)

(　　　　)

(三) ① ㋐これらのてきとありますが、何がこん虫のてきは何ですか。(8)

(　　　　)

② ㋐これらのてきの目は、どれくらいの色を見分ける力や、動きを見る力がありますか。二つ書きましょう。(10×2)

(　　　　)
(　　　　)

(四) 次のこん虫は、どんなかくし絵を使っていますか。それぞれの身のかくし方を書きましょう。(10×3)

コノハチョウ (　　　　)
トノサマバッタ (　　　　)
ゴマダラチョウ (　　　　)

(五) 作者は、自然のかくし絵のことを、□□色を使っていると書いています。□□にあてはまる言葉をひらがな二文字で書きましょう。(8)

□□色

(六) ① 文の中に出てくるこん虫の中で、一ぴきだけ、あなたがつかまえるとしたら、どの虫がいいですか。(8)

(　　　　)

② その虫は、どこへ行けば見つけることができるでしょうか。(8)

(　　　　)

めだか

名前

めだかの学校は　川の中
そっとのぞいて　みてごらん
そっとのぞいて　みてごらん
みんなで　おゆうぎ
しているよ
（茶木(ちゃき)　滋(しげる)『めだかの学校』より）

春になると、小川や池の水面近くに、めだかがすがたをあらわします。めだかは、大変(へん)小さな魚です。体長は、三、四センチメートルにしかなりません。

めだかは、のんびり楽しそうに泳いでいるようですが、いつも、たくさんのてきにねらわれています。「たがめ」や「げんごろう」、「やご」や「みずかまきり」などの、水の中にいるこん虫は、とくにこわいてきです。大きな魚や「ざりがに」にもおそわれます。

では、めだかは、そのようなてきから、どのようにして身を守っているのでしょうか。

まず、第一に、小川や池の水面近くでくらして、身を守ります。水面近くには、てきがあまりいないからです。

第二に、すいっ、すいっ、すいっとすばやく泳いで、身を守ります。近づいてきたてきから、さっとにげることが上手です。

第三に、小川や池のそこにもぐっていって、水をにごらせ、身を守ります。近づいてきたてきに見つからないようにかくれるのです。

第四に、何十ぴきも集まって泳ぐことによって、身を守ります。てきを見つけためだかが、きけんがせまっていることを仲(なか)間に知らせると、みんなはいっせいにちらばります。そして、てきが目うつりしている間に、にげてしまいます。

めだかは、こうして、てきから身を守っているだけではありません。めだかの体には、自然(ぜん)のきびしさにもたえられる、とくべつな仕組みがそなわっているのです。

夏の間、何日も雨がふらないと、小川や池の水がどんどん少なくなり、「ふな」や「こい」などは、次々に死んでしまいます。でも、めだかは、体が小さいので、わずかにのこされた水たまりでもだいじょうぶです。小さな水たまりでは、水温がどんどん上がりますが、めだかの体は、四十度近くまで水温が上がってもたえられるようにできています。

また、大雨になると、小川や池の水があふれ、めだかは大きな川におし流されてしまいます。大きな川から海に流されてしまうこともあります。ふつう、真水でくらす魚は、海水では生きることができませんし、海にすむ魚は、真水の中では死んでしまいます。

しかし、めだかは、真水に海水のまざる川(かわ)口(ぐち)ふきんでも生きることができます。めだかの体は、海水にもたえられるようにできているのです。海に流されためだかは、やがて、みちしおに乗って、川にもどってくることもできます。

小川や池の中で泳いでいるめだかを見ると、ただ「おゆうぎ」をしているようにしか見えないかもしれません。しかし、めだかは、いろいろな方法(ほう)でてきから身を守り、自然のきびしさにたえながら生きているのです。

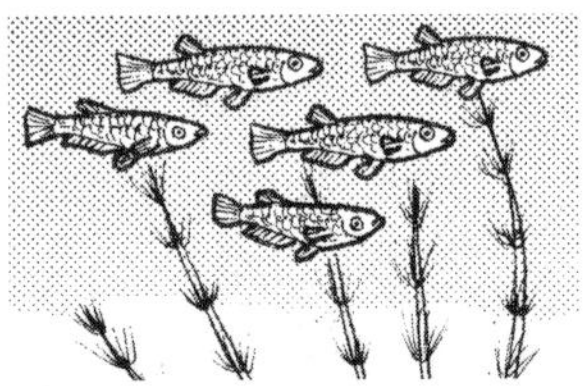

（教育出版　ひろがる言葉　小学国語　3年(上)　杉浦(すぎうら)　宏(ひろし)）

めだか

名前

「めだか」を読んで、答えましょう。

(一) めだかには、たくさんのてきがいます。文中に出てくるてきの名前をぜんぶ書き出しましょう。(10)

(　　　　　　　　　　　　　　　　)

(二) めだかのてきからの身の守りかたについて、合うものを線でむすびましょう。(5×8)

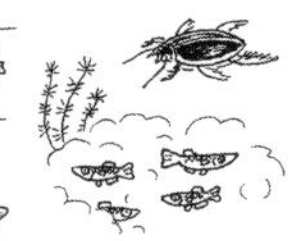

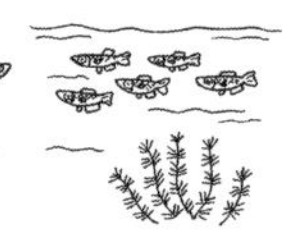

- 水面近くでくらして、身を守る。
- 何十ぴきも集まって泳いで、身を守る。
- すばやく泳いで、身を守る。
- 小川や池のそこにもぐっていって、水をにごらせて身を守る。

- 水面近くには、てきがあまりいない。
- 近づいてきたてきから、さっとにげる。
- てきに見つからないようにかくれる。
- みんないっせいにちらばり、てきが目うつりしている間ににげる。

(三) めだかの体には、自然のきびしさにたえられる「とくべつな仕組み」があると書かれていますが、どんな「とくべつな仕組み」がありますか。(10×5)

① 「ふな」や「こい」と「めだか」をくらべて、例のように書きましょう。

(例) ふなやこいは、(水が少ないと死んでしまう。)

めだかは、(　　　　　　　　)

② 「真水でくらす魚」と「めだか」をくらべて書きましょう。

真水でくらす魚は、(　　　　　　　　)

めだかは、(　　　　　　　　)

③ 「海にすむ魚」と「めだか」をくらべて書きましょう。

海にすむ魚は、(　　　　　　　　)

めだかは、(　　　　　　　　)

とんぼのひみつ

名前

夏から秋にかけて、あちらこちらの水辺でたくさんのとんぼを見かけます。わたしたちにとって、とんぼはとても身近なこん虫です。

ところで、そのとんぼたちが、いろいろなひみつをもっているのを知っていますか。

まず、一つめのひみつは、そのしゅるいがとても多いことです。日本には、およそ二百しゅるい、世界(かい)には、なんとやく五千しゅるいものとんぼが生きています。

二つめのひみつは、とても古くから地球にすんでいることです。とんぼのそ先が生まれたのは、やく三億(おく)年前です。日本には、ムカシトンボというめずらしいとんぼがいます。このとんぼは、「生きた化石」とよばれています。一億五千万年ほど前に生きていたとんぼによくにているからです。

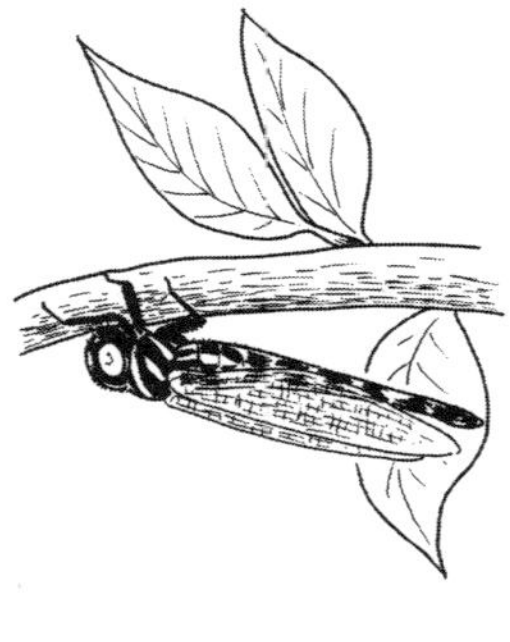

三つめのひみつは、そのとび方です。四まいの羽をじょうずに動かして、時速百キロメートルものスピードを出したり、バックやちゅうがえりをしたりすることもできます。

このように、身近なとんぼにも意外と知られていないことがあります。同じ地球にすむなかまとしては、人間よりもずっと先ぱいのとんぼには、まだまだわたしたちの知らないたくさんのひみつがかくされているかもしれません。

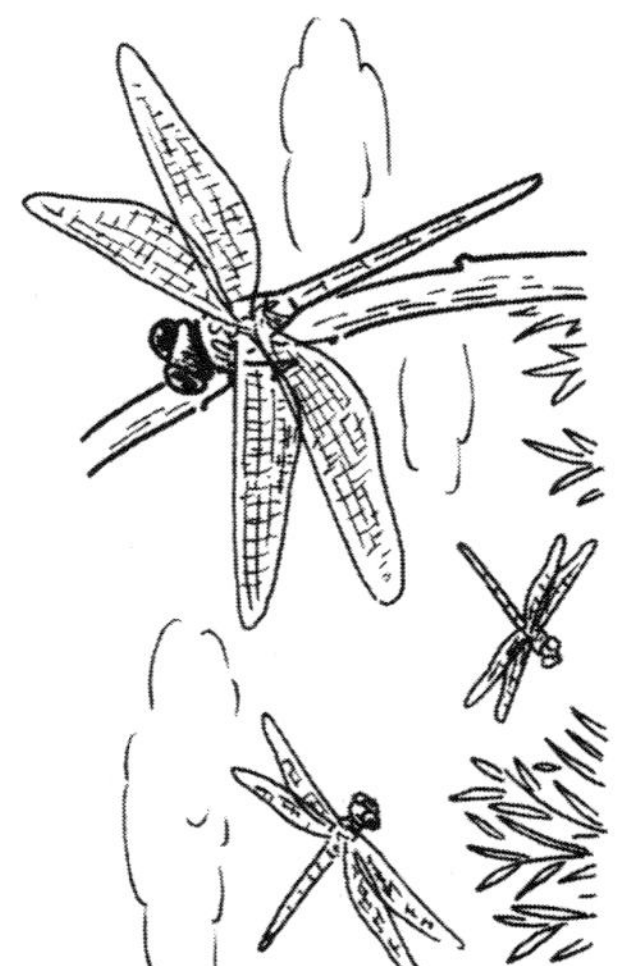

(学校図書　みんなと学ぶ小学校国語　3年(上))

とんぼのひみつ

名前

「とんぼのひみつ」を読んで、答えましょう。

(一) とんぼのひみつについて、文の中から当てはまるところをさがし、まとめましょう。(10×3)

一つめのひみつ（　　　）

二つめのひみつ（　　　）

三つめのひみつ（　　　）

(二) 文の中で、ところで、まず、このように、のあとに続く文には、何が書かれていますか。線で結びましょう。(10×3)

- ところで、 ・　　・ 一つめのひみつが書かれている。
- まず、 ・　　・ まとめが書かれている。
- このように、 ・　　・ ぎ問をなげかけている。

(三) 「とんぼ」と「ちょう」のちがいについて、あなたの知っていることを書きましょう。(10×2)

とんぼは、（　　　）

ちょうは、（　　　）

(四) 「とんぼ」と「せみ」のちがいについて、あなたの知っていることを書きましょう。(10×2)

とんぼは、（　　　）

せみは、（　　　）

自転車の活やく (1)

名前

1 今、わたしたちのくらしている社会では、人や物を運ぶいろいろな乗り物が発明されています。その一つに、自転車があります。

自転車は、たくさんの人や物を運ぶことでは、ひこうきや電車や自動車などにはかないませんが、自転車には、ひこうきや電車や自動車などが決してまねのできないことがあるのです。

では、まねのできないこととは、どんなことでしょうか。

2 ひこうきや電車や自動車などは、とても大きくて重くて、たくさんのエネルギー（動かすための力）を使います。そのために、空気のよごれやうるさい音などが問題になっています。

それにくらべると、重さが十～十五キログラムほどの自転車は、ちょっと見るとたよりない感じですが、どんなに重い人が乗っても楽々と走ることができます。そして、走るためにひつようなエネルギーは、乗る人の足の力だけですから、空気もよごさず、うるさい音も出しません。

それに、自転車で走ると、せまい所でも入っていくことができますし、その場所の音やにおい、自然の細やかな表じょうを、はだで感じることができます。

このように、自転車は、ひこうきや電車や自動車などがまねのできないことをもっている、すぐれた乗り物なのです。

それでは、そのすぐれた乗り物の自転車は、どんなふうに活やくしているのでしょうか。

3 一九七四年、アメリカのゲイリー＝フィッシャーが、野山も走れる自転車、マウンテンバイクを作りました。これが世界じゅうに広まって、さまざまなところで、自転車のぼうけん旅行をする人があらわれました。

高さ五千八百九十五メートルのキリマンジャロ山に登ったり、さばくをおうだんしたりした人もいます。さらに北極を目ざしたり、氷河を走ったり、どうくつをたんけんしたりした人もいます。

（大阪書籍　小学国語3年（下）高頭　祥八）

自転車の活やく（二）

名前

「自転車の活やく」（二）を読んで、答えましょう。

（一）自転車と、ひこうき・電車・自動車とをくらべて、次の問いに答えましょう。

① 自転車が、ひこうき・電車・自動車よりすぐれている点を、文中から四つぬき書きしましょう。（10×4）

（　　　　）

（　　　　）

（　　　　）

（　　　　）

② ひこうき・電車・自動車の方が、自転車よりすぐれている点を、自分の考えも入れてよいので、二つ書きましょう。（10×2）

（　　　　）

（　　　　）

（二）自転車と自動車があります。次の中から、自転車を使った方がよい場合には○、自動車を使った方がよい場合には△をつけましょう。（5×6）

（　）弟が熱を出したので、すぐに病院につれていく。

（　）せまい道や階だんがたくさんある住たく地で、新聞をくばる。

（　）遠くはなれた町まで、重たい荷物を運ぶ。

（　）雨がひどくふってきたけど、出かけなければならない。

（　）きれいなけしきを見ながら、いなかの道をのんびり走りたい。

（　）近くのゆうびんポストまで手紙を出しに行く。

（三）あなたは、自転車とひこうき・電車・自動車とでは、どちらが乗り物としてよいと思いますか。理由もつけて、自分の考えを書きましょう。（10）

（　　　　）

自転車の活やく (2)

名前

4 夏休みに、お父さんと北海道三百五十キロメートルを走った小学校五年生の女の子や、日本一周の自転車旅行をした小学校五年生と三年生の兄弟もいます。

5 自転車で空をとぶことにちょうせんする人たちもあらわれました。

一九八八年、ギリシャの自転車きょうぎの選手カネロス＝カネロプーロスが乗ったダイダロス号は、プロペラを回すペダルを三時間五十四分こぎつづけて、クレタ島から百十八キロメートルはなれた島までとびました。

6 もう一つわすれてはならない自転車の活やくがあります。それは、一九九五年の阪神・淡路大震災のときのことです。

バイクや自動車のように給油するひつようがなく、いざとなったらかつぐこともできる自転車は、どんな道も入っていけるので、物を運んだり、大事なことをれんらくしたりするのに、たいへん役立ったのです。

7 自転車は世界じゅうの人がりようしている乗り物で、今、世界には八億台いじょうもの自転車があります。

これほどりようしている自転車ですが、日本ではまだ、その使い方にいろいろ問題があります。たとえば、お年よりからは、「歩道を走る自転車がいちばんこわい」という声が出ていますし、駅の近くや商店がいでは、ところかまわずおかれた自転車が、歩く人のじゃまをしています。

8 自転車が、歩く人をさまたげずに、かいてきに走ることができれば、いっそうべんりで楽しい乗り物になると思います。

（大阪書籍　小学国語3年（下）高頭　祥八）

自転車の活やく (2)

名前

「自転車の活やく」(1)と(2)を読んで、答えましょう。

(一) 本文を1～8の八つに分けました。1～8の内ようは、あとの［　］のどれにあたりますか。［　］から言葉を選んで、（　）に書き入れましょう。 (6×8)

1（　　　　）　2（　　　　）
3（　　　　）　4（　　　　）
5（　　　　）　6（　　　　）
7（　　　　）　8（　　　　）

［
自転車の使い方の問題点
乗り物の一つとしての自転車
自転車はすぐれた乗り物
自転車がべんりで楽しい乗り物になるために
自転車の活やく（ぼうけん旅行）
自転車の活やく（小学生の自転車旅行）
自転車の活やく（震災のとき）
自転車の活やく（空をとぶ）
］

(二) ① あなたが、自転車の特ちょうを表していると思う言葉を、次の中からえらんで○を三つつけましょう。 (10)

［　はやい　かるい　たくさんはこべる　小まわりがきく　ねんりょうがいらない　］

② なぜ、それに○をつけましたか。理由を書きましょう。
（理由は、どれか一つの○についてでもよい。） (10)

（　　　　）

(三) あなたが、自転車の使い方で「問題だなあ」と思うことを二つ書きましょう。 (10×2)

（　　　　）
（　　　　）

(四) 自転車の(三)のような使い方について、どうすればよくなると思いますか。自分の意見を書きましょう。 (12)

（　　　　）

名前（　　　　　　　　）

（原稿用紙（15マス×15行）141%拡大）

授業の発問事例・視写・音読
テスト・読解練習等に使える

詩

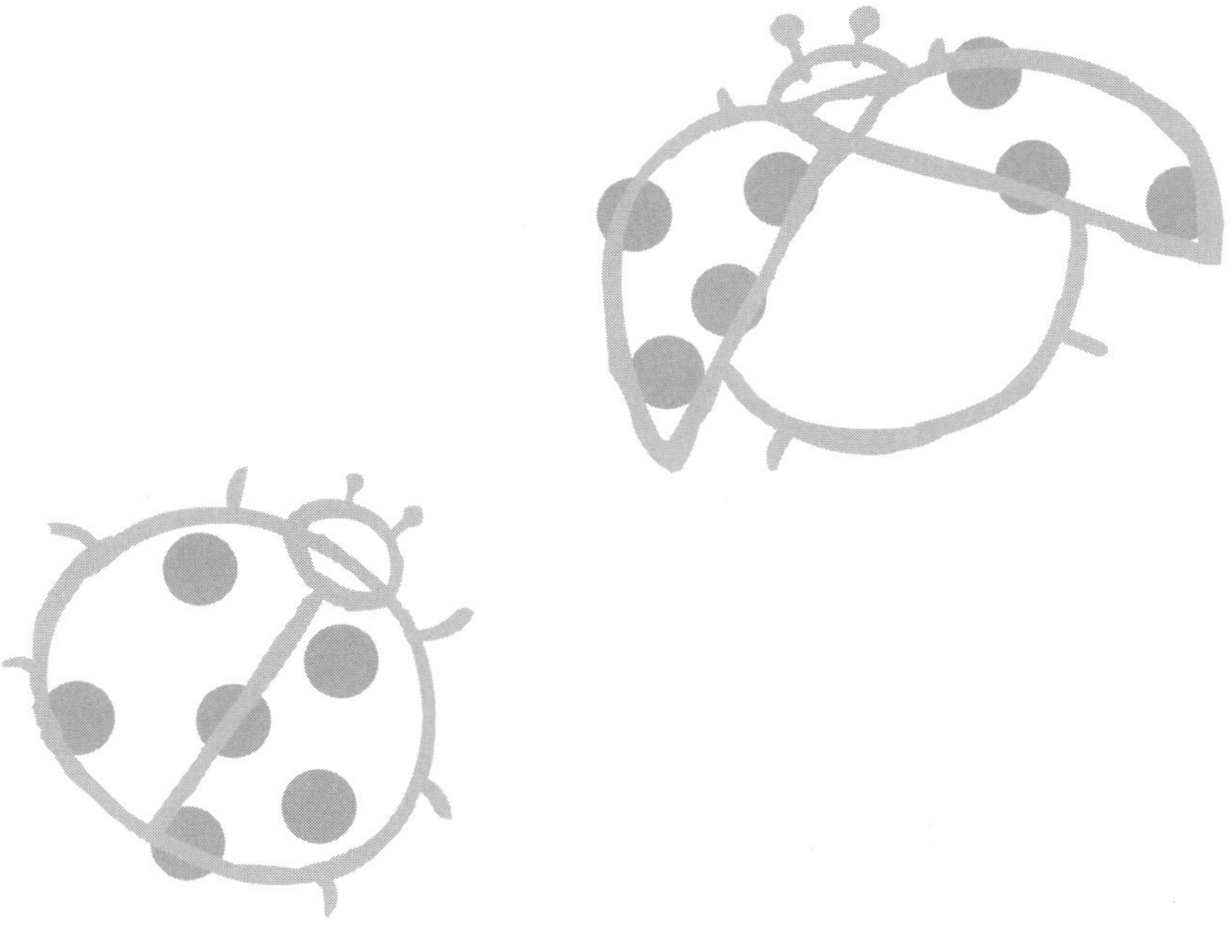

わたしと小鳥とすずと

名前［　　　　　　　　］

わたしと小鳥とすずと

1

わたしが両手をひろげても、
お空はちっともとべないが、
とべる小鳥はわたしのように、
地面（じべた）をはやくは走れない。

2

わたしがからだをゆすっても、
きれいな音はでないけど、
あの鳴るすずはわたしのように
たくさんなうたは知らないよ。

3

すずと、小鳥と、それからわたし、
みんなちがって、みんないい。

（光村図書　国語　3年（上）わかば　金子（かねこ）みすゞ（ず））

上の詩を読んで、答えましょう。

（一）　1と2では、それぞれ、何と何をくらべていますか。

1（　　　と　　　）　2（　　　と　　　）

（二）　1と2で二つのものをくらべているのは、どうしてでしょう。正しいものに○をつけましょう。

（　）二つのよくないところを見つめるため
（　）二つのできないところをはっきりさせるため
（　）二つのよいところをはっきりさせるため

（三）　①　作者の気持ちがいちばん強く表れているのは、123のうち、どこですか。（　　　）

②　作者のいちばん言いたい言葉を、詩の中よりぬき出して書きましょう。

（　　　　　　　　）

（四）　この詩を読んで思ったことや、感じたことを書きましょう。

（　　　　　　　　）

名前［　　　　　　　　］

キリン

キリン

1
キリンを　ごらん
足が　あるくよ

2
顔

3
くびが　おしてゆく
そらの　なかの
顔

4
キリンを　ごらん
足が　あるくよ

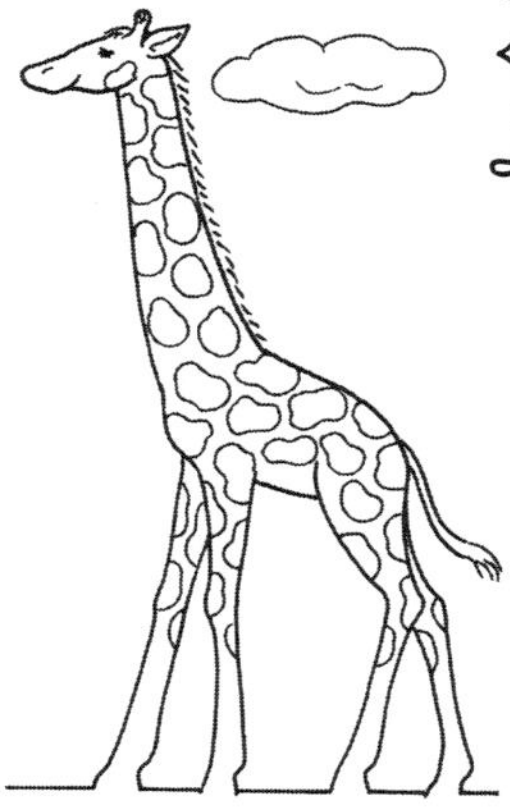

（光村図書　国語　3年（上）わかば　まど・みちお）

上の詩を読んで、答えましょう。

（一）1の「足が　あるくよ」というところからわかることを、次の文からえらんで○をつけましょう。

（　）キリンの足の動きが早いので、足ばかり見ている。

（　）キリンはせが高く、作者の目の高さがちょうど足のところにある。

（　）キリンのからだを見ると、足だけが動いているのがわかる。

（二）作者は、足の次に、キリンの何を見ていますか。

（　　　　　）

（三）3の「そらの　なかの　顔」という言葉から、キリンのどんな様子がわかりますか。

（　　　　　）

（四）この詩から、キリンがどのように歩く様子がうかびますか。二つ○をつけましょう。

（　）キリンが足を見ながら歩いている。

（　）キリンがゆうゆうと歩いている。

（　）キリンの顔が高いので、空の中をキリンの顔が進んでいるように見える。

（五）この詩を読んで思ったことや、感じたことを書きましょう。

（　　　　　）

とおくに　みえる　き

名前［　　　　　　　　］

とおくに　みえる　き

1

とおくに　みえる　き
だいすきな　き
はしってゆこうか
あるいてゆこうか
きのそばに

2

とおくに　みえる　き
だいすきな　き
あしたも　くるから
そこに　たっていて
ずっと　そこに　たっていて

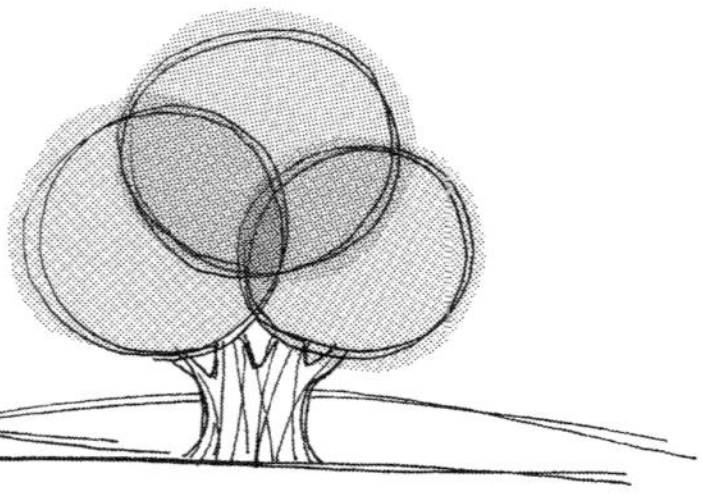

（東京書籍　新編　新しい国語　3年（上）　岸田衿子）

上の詩を読んで、答えましょう。

（一）この木はどんな木でしょうか。よいものに一つ○をつけましょう。

（　）小さな木　（　）大きな木　（　）ひくい木

（二）1の部分で、作者はどうしたいと思っていますか。

（　　　　　　）

（三）2の中で、作者は、あしたどうすると言っていますか。詩の中の言葉をぬき書きしましょう。

（　　　　　　）

（四）木にたいする作者のねがいがあらわれている言葉を、2からぬき書きしましょう。

（　　　　　　）

（五）作者は、この木のことをどう思っていますか。詩の中の言葉をぬき書きしましょう。

（　　　　　　）

（六）この詩を読んで思ったことや、感じたことを書きましょう。

（　　　　　　）

どきん

名前［　　　　　　　　　　］

どきん

さわってみようかなあ　つるつる
おしてみようかなあ　ゆらゆら
もすこしおそうかなあ　ぐらぐら
もいちどおそうかあ　がらがら
たおれちゃったよなあ　えへへ
いんりょくかんじるねえ　みしみし
ちきゅうはまわってるう　ぐいぐい
かぜもふいてるよお　そよそよ
あるきはじめるかあ　ひたひた
だれかがふりむいた！　どきん

（東京書籍　新編　新しい国語　3年（上）　谷川俊太郎）

上の詩を読んで、答えましょう。

（一）「おしてみようかなあ」と思って、何回おしたら、たおれましたか。

（　　）回

（二）次の文につづく言葉を――でむすびましょう。

あるきはじめるかあ　・　　・　ぐいぐい
いんりょくかんじるねえ　・　　・　ひたひた
かぜもふいてるよお　・　　・　みしみし
ちきゅうはまわってるう　・　　・　そよそよ

（三）この詩を読んで、「ゆらゆら」と「ぐらぐら」と「がらがら」のちがいを書きましょう。

ゆらゆら（　　）
ぐらぐら（　　）
がらがら（　　）

（四）この詩を読んで思ったことや、感じたことを書きましょう。

（　　）

夕日がせなかをおしてくる

名前［　　　　　　　　　　］

夕日がせなかをおしてくる

夕日がせなかをおしてくる
まっかなうででおしてくる
歩くぼくらのうしろから
でっかい声でよびかける
［1］
さよなら　さよなら
さよなら　きみたち
ばんごはんがまってるぞ
あしたの朝ねすごすな

夕日がせなかをおしてくる
そんなにおすなあわてるな
ぐるりふりむき太陽に
ぼくらも負けずどなるんだ
［2］
さよなら　さよなら
さよなら　太陽
ばんごはんがまってるぞ
あしたの朝ねすごすな

（東京書籍　新編　新しい国語　3年(上)　阪田寛夫）

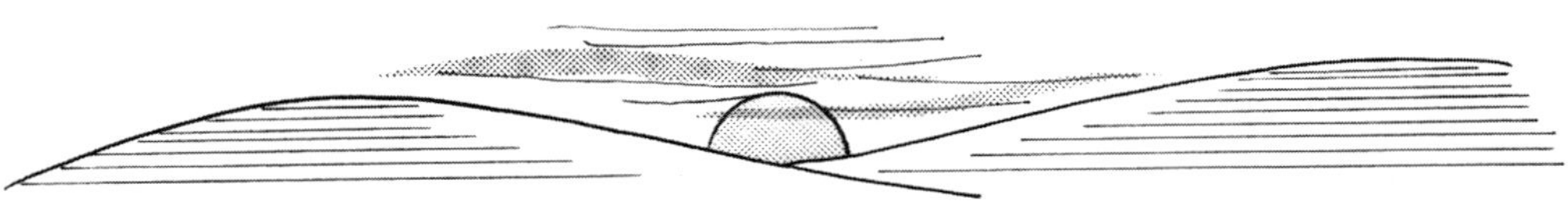

※「夕日がせなかをおしてくる」の教材は、学校図書の十七年度版3年生国語教科書にも掲載されています。

上の詩を読んで、答えましょう。

（一）「せなか」はだれのせなかですか。詩の中の言葉で答えましょう。

（　　　　　　）

（二）「まっかなうで」とは何ですか。正しいものに○をつけましょう。

（　）でっかい声　（　）あしたの朝　（　）夕日

（三）［1］と［2］の言葉をよびかけているのはだれですか。それぞれ（　）に書きましょう。

［1］（　　　　　　）　［2］（　　　　　　）

（四）「ねすごすな」の意味で、正しいものに○をつけましょう。

（　）あしたの朝は、ねてすごそう
（　）あしたの朝、ねぼうしないように
（　）あしたの朝も、また会おう

（五）この詩を読んで思ったことや、感じたことを書きましょう。

（　　　　　　）

木の葉

名前［　　　　　　　　　　］

木の葉

1

春から　夏まで
編（あ）みました
みどりの木の葉の
おようふく
みんなが　やすんで
いけるよう
いっしょに　木かげも
編みました

2

秋から　冬には
ぬぎました
ちゃいろい木の葉の
おようふく
春まで　ねている
草の芽（め）の
もうふに　かけて
あげました

（東京書籍　新編新しい国語　3年(下)　西村（にしむら）祐見子（ゆみこ））

上の詩を読んで、答えましょう。

（一）1について答えましょう。

① いつの季節のことですか。
（　　　）から（　　　）まで

② おようふくは何でできていますか。
（　　　）

③ みんながやすんでいけるよう、何をつくりましたか。
（　　　）

（二）2について答えましょう。

① いつの季節のことですか。
（　　　）から（　　　）まで

② おようふくは何でできていますか。
（　　　）

③ 「かけてあげました」とありますが、何をかけてあげたのでしょう。
（　　　）

（三）この詩を読んで思ったことや、感じたことを書きましょう。
（　　　）

どこかで春が

名前［　　　　　　　　　　　　］

どこかで春が

どこかで「春」が生まれてる
どこかで水がながれ出す

どこかでひばりがないている
どこかで芽(め)の出る音がする

山の三月東風(※こち)ふいて
どこかで「春」が生まれてる

※東風＝春に東からふいてくる風。

（東京書籍　新編　新しい国語　3年（下）　百田(ももた)　宗治(そうじ)）

上の詩を読んで、答えましょう。

（一）「春」が生まれてくる様子を表す部分を、詩の中から三つぬき書きしましょう。

（　　　　）
（　　　　）
（　　　　）

（二）作者が、この詩でいちばん言いたい言葉を、詩の中からぬき書きしましょう。

（　　　　）

（三）この詩を読んで思ったことや、感じたことを書きましょう。

（　　　　）

ひろがる言葉

名前［　　　　］

ひろがる言葉

言葉は　ボール
ぼくから
きみに
あなたから
わたしに
楽しい
キャッチボールが
できると　いいな

（ア）
みんなの　気もちを
のせていけ
言葉の　ボール

（教育出版　小学国語　ひろがる言葉　3年（上））

上の詩を読んで、答えましょう。

（一）言葉を、何だと言っていますか。

（　　　　）

（二）言葉のやりとりを、何だと言っていますか。

（　　　　）

（三）作者が、ぼくからきみに、あなたからわたしに願っていることは何ですか。詩の中から言葉をぬき書きしましょう。

（　　　　）

（四）アの部分を、イのように書きかえました。アとイのちがいを書きましょう。

（イ）
言葉の　ボール
みんなの　気もちを
のせていけ

（　　　　）

（五）この詩を読んで思ったことや、感じたことを書きましょう。

（　　　　）

ゆうひのてがみ

名前［　　　　　　　　　　］

ゆうひのてがみ

ゆうびんやさんが
ゆうひを　せおって
さかみちを　のぼってくる
まるで　きりがみのように
ゆうひを　すこしずつ　ちぎって
「ゆうびん」
ポストに　ほうりこんでいく

ゆうびんやさんが　かえったあと
いえいえのまどに
ぽっと　ひがともる

（教育出版　小学国語　ひろがる言葉　3年（下）　野呂（のろ）　昶（さかん））

上の詩を読んで、答えましょう。

（一）「ゆうひを　せおって」からわかる、ゆうびんやさんの様子に、二つ○をつけましょう。

（　）東をむいてのぼってくる。
（　）西をむいてのぼってくる。
（　）せなかが赤くてらされている。
（　）顔が赤く光っている。

（二）いえいえのまどに、ひがともるのは、だれが帰ったあとのことですか。

（　　　　　　　　　　）

（三）この詩を読んで思ったことや、感じたことを書きましょう。

（　　　　　　　　　　）

くまさん

名前［　　　　　　　　］

くまさん

はるが　きて
めが　さめて
くまさん　ぼんやり　かんがえた
さいているのは　たんぽぽだが
ええと　ぼくは　だれだっけ
だれだっけ

はるが　きて
めが　さめて
くまさん　ぼんやり　かわに　きた
みずに　うつった　いいかお　みて
そうだ　ぼくは　くまだった
よかったな

（学校図書　みんなと学ぶ　小学校国語　３年（上）　まど・みちお）

上の詩を読んで、答えましょう。

（一）くまさんは、いままで何をしていたのですか。

（　　　　　　　　）

（二）「ぼんやり　かんがえた」とありますが、何を考えたのですか。

（　　　　　　　　）

（三）くまさんが「ぼくは　くまだった」とわかったのは、どこに行って、何を見たからですか。

どこ（　　　　　　　　）

何を見た（　　　　　　　　）

（四）「よかったな」と思ったのは、なぜですか。

（　　　　　　　　）

（五）この詩を読んで思ったことや、感じたことを書きましょう。

（　　　　　　　　）

山

名前［　　　　　　　　］

山

うれしいときは
山をみる
どっしり　すわった
山をみる
〝じっかりやれよ〟と
いうように
山はだまって
ぼくをみる

かなしいときも
山をみる
どっしり　すわった
山をみる
〝だいじょうぶだよ〟と
いうように
山はだまって
ぼくをみる

（学校図書　みんなと学ぶ　小学校国語　3年（上）　原　国子）

上の詩を読んで、答えましょう。

(一)　ぼくは、どういうときに山をみますか。二つ書きましょう。

（　　　　）（　　　　）

(二)　ぼくがみる山は、どんな山ですか。

（　　　　）

(三)　山がぼくに言ってくれていると思う言葉を、詩の中から書き出しましょう。

（　　　　）（　　　　）

(四)　この詩を読んで思ったことや、感じたことを書きましょう。

（　　　　）

星とたんぽぽ

名前［　　　　　　　　］

星とたんぽぽ

1

青いお空のそこふかく、
海の小石のそのように、
夜がくるまでしずんでる、
昼のお星はめにみえぬ。
　見えぬけれどもあるんだよ、
見えぬものでもあるんだよ。

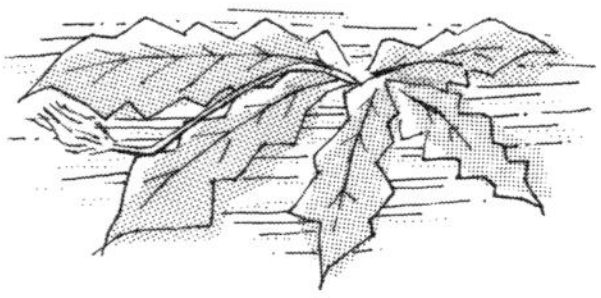

2

ちってすがれた※たんぽぽの、
かわらのすきに　だァまって、
春のくるまでかくれてる、
つよいその根はめにみえぬ。
　見えぬけれどもあるんだよ、
見えぬものでもあるんだよ。

※すがれた＝草木や花がしおれ、かれる。

（学校図書　みんなと学ぶ　小学校国語　3年(上)　金子（かねこ）みすゞ（ず））

上の詩を読んで、答えましょう。

(一) 1を読んで答えましょう。
① 昼の星は、どこにしずんでいるのでしょう。（　　　）
② 昼の星を、何にたとえていますか。（　　　）
③ 星は、いつまでしずんでいるのでしょう。（　　　）

(二) 2を読んで答えましょう。
① たんぽぽは、どこにかくれているのでしょう。（　　　）
② たんぽぽは、いつまでかくれているのでしょう。（　　　）
③ 見えないものは、何ですか。（　　　）

(三) 「星とたんぽぽ」の詩で、作者がいちばん言いたい言葉を書き出しましょう。
（　　　）

(四) この詩を読んで思ったことや、感じたことを書きましょう。
（　　　）

ゆめみるいなご

名前［　　　　　　　　］

のはらうたⅠ

ゆめみるいなご

いなご　わたる

1

ぼくはいつも　ゆめみるいなご
たびにでたいと　ゆめみるいなご
みつめろ　ちへいせん
みあげろ　あおいそら
ぼくは　いつか　きっと
ひこうきに　なるぞ

2

ぼくはいつも　ゆめみるいなご
たびにでたいと　ゆめみるいなご
ふんばれ　6ぽんのあし
ひろげろ　4まいのはね
ぼくは　いつか　きっと
くもに　とびのるぞ

（学校図書　みんなと学ぶ　小学校国語　3年(下)　工藤(くどう)　直子(なおこ)）

上の詩を読んで、答えましょう。

（一）「ぼく」というのは、だれですか。
（　　　　）

（二）「ぼく」はいつも、何をゆめみていますか。
（　　　　）

（三）「みつめろ　ちへいせん　みあげろ　あおいそら」と言って、「ぼく」が心にきめたことは何でしょう。
（　　　　）

（四）「ふんばれ　6ぽんのあし　ひろげろ　4まいのはね」と言って、「ぼく」が心にきめたことは何でしょう。
（　　　　）

（五）1と2で、同じ言葉が出てきます。すべて書き出しましょう。
（　　　　）

（六）この詩を読んで思ったことや、感じたことを書きましょう。
（　　　　）

みえないストロー

名前［　　　　］

みえないストロー

シャボンだまを　ふきふき　おもう
なんてきれいな　まるなんだろうと
このまるは　どこからくるんだろうと

そういえば　りんごも　ぶどうも　なしも
わたしのすきなくだものは　みんなまる

わたしがシャボンだまを　ふくらますように
だれかが　みえないストローで
くだものを　ふくらませているのではないかしら

りんごのきのしたで
ぶどうのきのしたで

（大阪書籍　小学国語　3年（下）　のろ　さかん）

上の詩を読んで、答えましょう。

（一）「シャボンだまを　ふきふき　おもう」ことは、どんなことですか。

（　　　　）

（二）①「わたしのすきなくだもの」とは何ですか。三つかきましょう。

（　　）（　　）（　　）

② それは、どんなかたちをしていますか。

（　　　　）

（三）「りんごのきのしたで　ぶどうのきのしたで」のあとにつづく言葉を書きましょう。

（　　　　）

（四）この詩を読んで思ったことや、感じたことを書きましょう。

（　　　　）

※本書にかかれている解答はあくまでも一例です。答えは、文意があっていれば、○をして下さい。
「思ったこと」「考えたこと」などは様々なとらえ方があります。児童の思いをよく聞いて○をつけて下さい。

P6

ありの行列(1)　名前［　　　］

夏になると、庭のすみなどで、ありの行列をよく見かけます。その行列は、ありの巣から、えさのある所まで、ずっとつづいています。ありは、ものがよく見えません。①それなのに、なぜ、ありの行列ができるのでしょうか。

　アメリカに、ウィルソンという学者がいます。②この人は、次のような実験をして、ありの様子をかんさつしました。

上の文章を読んで、答えましょう。

(一) ありの行列は、どこからどこまで、ずっとつづいていますか。（　）に言葉を書きましょう。
（**ありの巣**）から（**えさのある所**）まで

(二) ①それなのにの「それ」とは、どういうことをさしていますか。上の文からぬき書きしましょう。
（**ありは、ものがよく見えません。**）

(三) ②この人とは、だれですか。
（**ウィルソンという学者**）

6

P7

ありの行列(2)　名前［　　　］

　はじめに、ありの巣から少しはなれた所に、ひとつまみのさとうをおきました。［あ］、一ぴきのありが、そのさとうを見つけました。これは、えさをさがすために、外に出ていたはたらきありです。ありは、やがて、巣に帰っていきました。すると、巣の中から、たくさんのはたらきありが、次々と出てきました。そして、列を作って、さとうの所まで行きました。［い］、その行列は、はじめのありが巣に帰るときに通った道すじから、外れていないのです。

上の文章を読んで、答えましょう。

(一) 上の実けんで、はじめに、ひとつまみのさとうをおいたのは、どこですか。
（**ありの巣から少しはなれた所**）

(二) はじめに、さとうを見つけたありは、次のどちらですか。○をつけましょう。
（○）一ぴきのあり　（　）たくさんのはたらきあり

(三) あ・いに当てはまる言葉を［　］よりえらんで、□に書きましょう。
あ **しばらくすると**　［ところが・しかし・しばらくすると］
い **ふしぎなことに**　［ふしぎなことに・こまったことに・幸いなことに］

(四) 上の実けんから、たくさんのはたらきありがさとうの所まで行く行列について、わかったことを書きましょう。
（**はじめのありが巣に帰るときに通った道すじから、外れていない。**）

7

P8

ありの行列(3)　名前［　　　］

　次に、この道すじに大きな石をおいて、ありの行く手をさえぎってみました。すると、ありの行列は、石の所でみだれて、ちりぢりになってしまいました。ようやく、一ぴきのありが、石のむこうがわに道のつづきを見つけました。そして、さとうにむかって進んでいきました。そのうちに、ほかのありたちも、一ぴき二ひきと道を見つけて歩きだしました。まただんだんに、ありの行列ができていきました。目的地に着くと、ありは、さとうのつぶをもって、巣に帰っていきました。帰るときも、行列の道すじはかわりません。ありの行列は、さとうのかたまりがなくなるまでつづきました。

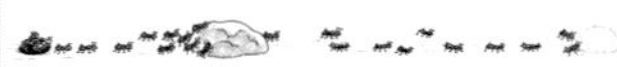

上の文章を読んで、答えましょう。

(一) 次に、ウィルソンは、ありの行列について調べるために、どんなことをしましたか。
（**道すじ(行列)に大きな石をおいて、ありの行く手をさえぎった。**）

(二) (一)のことをすると、ありの行列はどうなりましたか。
（**石の所でみだれて、ちりぢりになった。**）

(三) ありは目的地に着くと、何をしましたか。
（**さとうのつぶをもって、巣に帰っていった。**）

(四) 次の文で、正しいものに○を、そうでないものに×をつけましょう。
（×）ちりぢりにみだれたありの行列は、ようやく目的地に着き、帰りの道すじ、はかわる。

（○）ちりぢりになったありの行列は、またしだいにできていき、さとうがなくなるまでつづいた。

（×）ちりぢりになったありの行列は、みだれてしまい、また、ちがう道に行列ができる。

(五) ありの行列は、いつまでつづきましたか。
（**さとうのかたまりがなくなるまで**）

8

P9

ありの行列(4)　名前［　　　］

　これらのかんさつから、ウィルソンは、はたらきありが、地面に何か道しるべになるものをつけておいたのではないか、と考えました。
　①［そこで］、ウィルソンは、はたらきありの体の仕組みを、細かに研究してみました。②［すると］、ありは、おしりの所から、あとくべつのえきを出すことが分かりました。それは、においのある、じょうはつしやすいえきです。
　この研究から、ウィルソンは、ありの行列のできるわけを知ることができました。

上の文章を読んで、答えましょう。

(一) これらのかんさつから、ウィルソンがはたらきありについて、考えたことを書きましょう。
（**地面に何か道しるべになるものをつけておいたのではないか。**）

(二) (一)のことをたしかめるために、ウィルソンは何を研究しましたか。
（**はたらきありの体の仕組み**）

(三) 研究で分かったことは、どんなことですか。
（**ありは、おしりの所から、とくべつのえきを出すこと**）

(四) あとくべつのえきとは、どのようなえきのことですか。
（**においのある、じょうはつしやすいえき**）

(五) ①と②に当てはまる言葉を［　］の中からえらんで、文中の□に書き入れましょう。
［けれども・すると・なぜなら・そこで］

9

P10

ありの行列(5)　名前［　　　］

　はたらきありは、えさを見つけると、あ道しるべとして、地面にこのえきをつけながら帰るのです。ほかのはたらきありたちは、いそのにおいをかいで、においにそって歩いていきます。そして、そのはたらきありたちも、えさをもって帰るときに、同じように、えきを地面につけながら歩くのです。そのため、えさが多いほど、においが強くなります。

上の文章を読んで、答えましょう。

(一) はたらきありは、えさを見つけると、何をしながら帰りますか。
（**地面にえきをつけながら帰る。**）

(二) あ道しるべとは、何ですか。次の文の（　）に○をしましょう。
（　）道ばたにあるじぞうさま
（　）道のかどにあるしんごう
（○）行く道がわかるためのしるし

(三) いそのは、何をさしていますか。
（**地面につけた）えき**）

(四) えさが多いほど、においが強くなるのは、どうしてですか。
（**ほかのはたらきありたちがえさをもって帰るときにも、同じように、えきを地面につけながら歩くから。**）

10

P11

ありの行列(6)　名前［　　　］

　このように、においをたどって、えさの所へ行ったり、巣に帰ったりするので、ありの行列ができるというわけです。

　このえきのにおいは、ありのしゅるいによってちがうことも分かりました。それで、ちがったしゅるいのありの道しるべが交わっていても、けっしてまようことがなく、行列がつづいていくのです。

上の文章を読んで、答えましょう。

(一) ありの行列ができるわけを書きましょう。
（**においをたどって、えさの所へ行ったり、巣に帰ったりするから。**）

(二) ちがったしゅるいのありの道しるべが交わっても、まよわないで、行列がつづくのはなぜですか。
（**ありのしゅるいによって、においがちがうから。**）

11

P12

分類(1)　名前［　　　］

　いろいろあるものを、同じとくちょうをもつものどうしまとめて、全体をいくつかの集まりに分けることを、「分類」といいます。

　スーパーマーケットに行くと、やさいがおいてある所、おかしがおいてある所というように、売り場が分かれているのに気づきます。アこれは、お客さんが買う物を見つけやすいように、商品をとくちょうによって分類しているのです。

上の文章を読んで、答えましょう。

(一) （　）に合う言葉を書き入れ、「分類」について、まとめましょう。
いろいろあるものを、その中の同じ（**とくちょう**）をもつものどうしまとめて、全体をいくつかの（**集まり**）に分けることを、（**「分類」**）といいます。

(二) ① スーパーマーケットには、どのような売り場がありますか。上の文から二つ書きましょう。
（**やさいがおいてある所**）

（**おかしがおいてある所**）
② スーパーマーケットでは、商品をそのとくちょうで分類しています。それは何のためですか。
（**お客さんが買う物を見つけやすいようにするため**）

(三) アこれは、何をさしていますか。
（**売り場が分かれていること**）

12

P13

分類(2)　名前［　　　］

　わたしたち自身も、気づかないうちに、生活の中で分類をしています。つくえやたんすに引き出しがいくつかあれば、ここには何を入れ、ここには何を入れると決めていませんか。アそれが分類です。

　「同じとくちょうをもつ」といっても、もののとくちょうは一つとはかぎりません。どのとくちょうに［イ］を向けるかがちがえば、［ウ］のしかたもちがってきます。

上の文章を読んで、答えましょう。

(一) わたしたちが、気づかないうちに、生活の中で分類をしているのは、どんなことですか。
（**つくえやたんすの引き出しに入れるもの**）

(二) アそれは、何をさしていますか。
（**ここには何を入れ、ここには何を入れると決めること**）

(三) イ・ウの□に当てはまるものを、［　］よりえらんで書きましょう。
イ **目**　［手・目・足］
ウ **分類**　［分類・種類・とくちょう］

13

P14

分類(3)　名前［　　　］

　たとえば、衣類を入れるたんすの引き出しを、お兄さん・お姉さん・あなたの三人で使うとします。お兄さんが着るもの、お姉さんが着るもの、あなたが着るものという分け方をしたら、それは、衣類を「だれが着るものか」というとくちょうで分類したことになります。でも、シャツとブラウス、ズボンとスカート、はだ着という分け方にしたら、それは、衣類を「どのように着るものか」というとくちょうで分類したことになります。

上の文章を読んで、答えましょう。

(一) たんすの引き出しについて、次の［ア］［イ］［ウ］のように分けたら、それはどんなとくちょうで分類したことになるのでしょう。「　」に書きましょう。
① ［ア］お兄さんが着るもの　［イ］お姉さんが着るもの　［ウ］わたしが着るもの → 「**だれが着るものか**」
② ［ア］シャツとブラウス　［イ］ズボンとスカート　［ウ］はだ着 → 「**どのように着るものか**」

(二) (一)の①の分類と②の分類で、次の衣類を分けて（　）に［ア］［イ］［ウ］の記号を書きましょう。
例 わたしのブラウス　①の分類（ウ）　②の分類（ア）
問1 お姉さんのスカート　①の分類（**イ**）　②の分類（**イ**）
問2 お兄さんのパンツ　①の分類（**ア**）　②の分類（**ウ**）

14

※本書にかかれている解答はあくまでも一例です。答えは、文意があっていれば、○をして下さい。
「思ったこと」「考えたこと」などは様々なとらえ方があります。児童の思いをよく聞いて○をつけて下さい。

P15

分類(4)　名前［　　］

また、一度分類したものも、その中でまた、べつのとくちょうに目をつければ、もっと細かく分けることができます。

たとえば、お兄さん・お姉さん・あなたで引き出しを一度分けたとします。その後で、あなたが自分で引き出しの中を区切って、はだ着とそうでないものに分けたり、上半身に着るものと下半身に着るものに分けたりすることもできます。

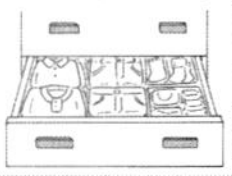

上の文章を読んで、答えましょう。

(一) 分類したものを、もっと細かく分けるために、どのようにするとよいですか。

（その中でまた、べつのとくちょうに目をつける。）

(二) 次の①〜③は、どのようなとくちょうで分類したのか、□の中に［　］からえらんで言葉を入れましょう。

① お兄さん・お姉さん・わたし →「だれが 着るものか」で分類している

② はだ着・そうでないもの →「どのように 着るものか」で分類している

③ 上半身に着るもの・下半身に着るもの →「どのように 着るものか」で分類している

［どのように・だれが］

P16

分類(5)　名前［　　］

分類は、何かをしたり考えたりするとき、とても役に立ちます。また、分類しようとして考えているうちに、それまで気づかなかったとくちょうを見つけたり、分け始めてから、どのグループにも当てはまらないものを発見したりすることもあります。ア、分類のしかたには、どのとくちょうに目を向けたかという、分類した人のものの見方や考え方が表れることもおもしろいですね。

上の文章を読んで、答えましょう。

(一) 分類しようとして考えているうちに、どんなことを見つけたり、発見したりすることがありますか。二つ書きましょう。

（それまで気づかなかったとくちょう）

（どのグループにも当てはまらないもの）

(二) 分類のしかたには、何が表れると言っていますか。

（(どのとくちょうに目を向けたかという、)分類した人のものの見方や考え方）

(三) ア に当てはまる言葉を［　］の中からえらんで（　）に書きましょう。

（それに）

［でも・それに・しかし］

P17

すがたをかえる大豆(1)　名前［　　］

わたしたちの毎日の食事には、肉・やさいなど、さまざまなざいりょうが調理されて出てきます。①その中で、ごはんになる米、パンやめん類になる麦のほかにも、多くの人がほとんど毎日口にしているものがあります。なんだか分かりますか。②それは、大豆です。

大豆がそれほど食べられていることは、意外と知られていません。大豆は、いろいろな食品にすがたをかえていることが多いので気づかれないのです。

上の文章を読んで、答えましょう。

(一) 食事のざいりょうの中で、多くの人がほとんど毎日口にしているものには、どのようなものがありますか。三つ書きましょう。

（米）（麦）（大豆）

(二) 次の□に合う言葉を書きましょう。

大豆 は、毎日のように食べられています。それが、意外と知られていないのは、いろいろな 食品 に すがた をかえていることが多いからです。

(三) ①そのと②それは、何をさしていますか。

①（さまざまなざいりょう）

②（(米や麦のほかに)多くの人がほとんど毎日口にしているもの）

P18

すがたをかえる大豆(2)　名前［　　］

大豆は、ダイズという植物のたねです。えだについたさやの中に、二つか三つのたねが入っています。ダイズが十分に育つと、さやの中のたねはかたくなります。①これが、わたしたちが知っている大豆です。かたい大豆は、そのままでは食べにくく、消化もよくありません。そのため、いろいろ手をくわえて、おいしく食べるくふうをしています。

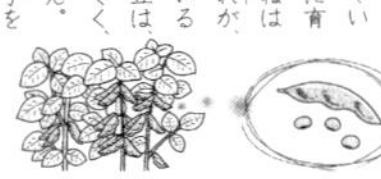

上の文章を読んで、答えましょう。

(一) 大豆とは何ですか。

（ダイズという植物のたね）

(二) ダイズが十分に育つと、さやの中のたねは、どうなりますか。

（かたくなる。）

(三) ①これとは、何をさしますか。当てはまる文をぬき出して書きましょう。

（ダイズが十分に育つと、さやの中のたねはかたくなります。）

(四) 大豆について、次の文で正しいものに○をつけましょう。

（○）そのままでは食べにくい。

（　）かたくて食べることができない。

（○）そのままでは消化がよくない。

（○）おいしく食べるためにはくふうがいる。

（　）そのまま食べてもおいしい。

（○）さやの中には、二つか三つのたねがある。

P19

すがたをかえる大豆(3)　名前［　　］

いちばん分かりやすいのは、大豆をその形のままいったり、にたりして、やわらかく、おいしくするくふうです。いると、豆まきに使う豆になります。水につけてやわらかくしてからにると、に豆になります。正月のおせち料理に使われる黒豆も、に豆の一つです。に豆には、黒、茶、白など、いろいろな色の大豆が使われます。

上の文章を読んで、答えましょう。

(一) 大豆をその形のままいったり、にたりするのは、大豆をどのようにするためですか。

（やわらかく、おいしくするため）

(二) 次の□に当てはまる言葉を書き入れましょう。

に豆には 黒・茶・白 など、いろいろな 色 の 大豆 が使われます。

(三) 豆まきに使う豆と、に豆の作り方を（　）に書きましょう。

① 豆まきに使う豆（大豆をいる。）

② に豆（大豆を水につけてやわらかくしてからにる。）

P20

すがたをかえる大豆(4)　名前［　　］

次に、こなにひいて食べるくふうがあります。もちやだんごにかけるきなこは、大豆をいって、こなにひいたものです。

また、大豆にふくまれる大切なえいようだけを取り出して、ちがう食品にするくふうもあります。水をいっぱいにすいこんだ大豆をすりつぶすと、白っぽいしるが出てきます。これに水をくわえて熱します。その後、ぬのを使って中身をしぼり出し、かためるためにニガリというものをくわえます。こうすると、とうふができあがります。

上の文章を読んで、答えましょう。

(一) 上の文には、大豆の食べ方のくふうが書いてあります。どのようなくふうか、二つ書きましょう。

①（こなにひいて食べる。）

②（大豆にふくまれる大切なえいようだけを取り出して、ちがう食品にする。）

(二) それぞれのくふうから、何という食べ物ができますか。

①（きなこ）②（とうふ）

(三) とうふを作るときに、しぼり出したものをかためるためにくわえるものを何といいますか。

（ニガリ）

(四) とうふを作る順番になるよう、（　）に番号を書きましょう。

（5）ニガリをくわえる。

（2）大豆をすりつぶす。

（4）ぬのを使って中身をしぼり出す。

（3）水をくわえて熱する。

（1）大豆に水をいっぱいすいこませる。

P21

すがたをかえる大豆(5)　名前［　　］

さらに、目に見えない小さな生物の力をかりて、ちがう食品にする①くふうもあります。ナットウキンの力をかりたのが納豆です。むした大豆にナットウキンをくわえ、あたたかい場所に一日近くおいて作ります。コウジカビの力をかりたものが、みそやしょうゆです。みそを作るには、まず、むした米か麦にコウジカビをまぜたものを用意します。②それと、しおを、につぶした大豆にくわえてまぜ合わせます。ふたをして、風通しのよい暗い所に半年から一年の間おいておくと、大豆はみそになります。しょうゆも、よくにた作り方をします。

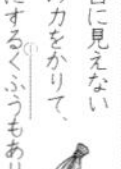

上の文章を読んで、答えましょう。

(一) ①くふうとは、どんなくふうですか。

（大豆を、目に見えない小さな生物の力をかりて、ちがう食品にするくふう。）

(二) 次の食品は、何の力をかりて作りますか。当てはまるものを──でむすびましょう。

納豆・　・コウジカビ

みそ・　・ナットウキン

しょうゆ・　・アオカビ

(三) みそを作る順番になるよう、（　）に番号を書きましょう。□には、当てはまる言葉を書き入れましょう。

（1）むした米か麦に コウジカビ をまぜたものを用意する。

（3）ふたをして、風通しのよい暗い所におく。

（2）しおを、につぶした大豆にくわえてまぜ合わせる。

（4）半年から一年の間おいておく。

(四) ②それは、何をさしていますか。

（むした米か麦にコウジカビをまぜたもの）

P22

すがたをかえる大豆(6)　名前［　　］

これらのほかに、とり入れる時期や育て方をくふうした食べ方もあります。ダイズを、まだわかくてやわらかいうちにとり入れ、さやごとゆでて食べるのが、えだ豆です。また、ダイズのたねを、日光に当てずに水だけをやって育てると、もやしができます。

上の文章を読んで、答えましょう。

(一) 次の食品は、ダイズにどんなくふうをして作られますか。［　］の中からえらんで□に記号を書きましょう。

えだ豆── イ

もやし── ア

［ア、育て方のくふう　イ、とり入れる時期のくふう］

(二) えだ豆は、ダイズを、どのようにくふうして食べるものですか。

（まだわかくてやわらかいうちにとり入れ、さやごとゆでて食べる。）

(三) もやしは、ダイズのたねを、どのようにくふうして育てたものですか。

（日光に当てずに水だけをやって育てる。）

P23

すがたをかえる大豆(7)　名前［　　］

このように、大豆はいろいろなすがたで食べられています。ほかの作物にくらべて、こんなに多くの食べ方が考えられたのは、大豆が味もよく、畑の肉といわれるくらいたくさんのえいようをふくんでいるからです。そのうえ、やせた土地にも強く、育てやすいことから、多くの地いきで植えられたためでもあります。

大豆のよいところに気づき、食事に取り入れてきた昔の人々のちえにおどろかされます。

上の文章を読んで、答えましょう。

(一) 大豆が、ほかの作物にくらべて、多くの食べ方が考えられたわけを、三つ書きましょう。

（味がよい。）

（(畑の肉といわれるくらい)たくさんのえいようをふくんでいる。）

（やせた土地にも強く、育てやすいことから、多くの地いきで植えられたため。）

(二) 次の文の□に当てはまる言葉を書きましょう。

大豆は、いろいろな すがた で食べられています。大豆 のよいところに気づき、食事 に取り入れてきた 昔 の人々の ちえ におどろかされます。

※本書にかかれている解答はあくまでも一例です。答えは、文意があっていれば、〇をして下さい。
「思ったこと」「考えたこと」などは様々なとらえ方があります。児童の思いをよく聞いて〇をつけて下さい。

P24

あっとおどろく
漢字の話(1)

名前［　　　　］

「休」の話

大昔のことです。畑ではたらいている一人の男がいました。「今年もおいしい麦ができるといいなあ。」そう思いながら、男は、暑い日ざしの下、一生けんめいはたらきました。朝からずっとはたらきどおして、太陽はもう頭のてっぺんに来ています。「つかれたから、どこかで少し休みたいな。」と、男は思いました。あたりを見回すと、向こうの方に大きな木があります。「あの木の下なら、きっとすずしいぞ。」そう思った男は、木の下に行き、地面にこしを下ろしてみきにもたれました。

「人」が「木」にもたれかかっている様子から、「休」という漢字ができました。

（光村図書 国語3年（下） あおぞら）

上の文章を読んで、答えましょう。

(一) 上の文は、何という漢字についての話ですか。ていねいに書きましょう。

「休」

(二) 畑ではたらいている一人の男が思ったことを、三つ書きましょう。

「今年もおいしい麦ができるといいなあ。」

「つかれたから、どこかで少し休みたいな。」

「あの木の下なら、きっとすずしいぞ。」

(三) 次の「　」に漢字を書きましょう。

「休」という漢字は、「人」が「木」にもたれかかっている様子からできました。

24

P25

あっとおどろく
漢字の話(2)

名前［　　　　］

「名」の話

農作物を育てるのは、今も昔も、一年がかりの大仕事です。男は、来る日も来る日も、はたらきました。そのおかげで、今年もりっぱな麦がたくさんできました。見事に実った麦をかり取って、男は家へ帰ります。

帰り道、男は、向こうから人がやって来るのに気づきました。しかし、日がくれてあたりは暗く、それがいったいだれなのか分かりません。そこで、男も、その人も、相手に向かって自分の名前を大きな声でつげました。

太陽がしずみ、まわりがほとんど見えなくなる「夕」方に、人の「口」から出てくるものが、「名」というわけです。

（光村図書 国語3年（下） あおぞら）

上の文章を読んで、答えましょう。

(一) 上の文は、何という漢字についての話ですか。ていねいに書きましょう。

「名」

(二) ① 男の仕事は、どんなことをすることですか。

（農作物(麦)を育てること。）

② 男は、何の帰り道でしたか。

（麦をかり取った帰り道）

③ 向こうから来る人がいったいだれなのか分からないのは、どうしてですか。

（日がくれてあたりが暗いから。）

④ 男が相手に向かって、大きな声で言ったことは何ですか。

（自分の名前）

(三) 次の「　」に漢字を書きましょう。

「名」という漢字は、「夕」方に、人の「口」から出てくるもの、ということからできた。

25

P26

あっとおどろく
漢字の話(3)

名前［　　　　］

「自」の話

家に帰ると、もう夕ごはんのしたくができていました。

男には五人の子どもがいました。みんながそろう食事の時間は、とてもにぎやかです。お母さんが、大声でたずねます。

「大もりって言ったのは、だれだったかしら。」

「ぼくだよ。」

いちばん上の男の子が、自分の鼻を指さしながら答えました。

身ぶり手ぶりで自分を表すとき、わたしたちはよく、人さし指を鼻の頭につき立てるしぐさをします。この鼻の頭を正面から見た形から、「自分」の「自」という漢字ができました。

昔の人たちは、生活の中のさまざまな場面から、上手に漢字を作り出したのです。

（光村図書 国語3年（下） あおぞら）

上の文章を読んで、答えましょう。

(一) 上の文は、何という漢字についての話ですか。ていねいに書きましょう。

「自」

(二) 「ぼくだよ。」と言った男の子は、どんなしぐさをしましたか。

（自分の鼻を指さした。）

(三) 「自分」の「自」という漢字は、何の形からできましたか。

（鼻の頭を正面から見た形）

(四) 次の□に言葉を書きましょう。

昔の人たちは、［生活］の中のさまざまな［場面］から、上手に漢字を作り出した。

26

P27

自然のかくし絵(1)

名前［　　　　］

木のみきにとまったはずのセミや、草のしげみに下りたはずのバッタを、ふと見うしなうことがあります。

セミやバッタは、木のみきや草の色と見分けにくい色をしています。まわりの色と見分けにくい体の色は、てきから身をかくすのに役立ちます。このように、身をかくすのに役立つ色のことをほご色といいます。

コノハチョウの羽は、表はあざやかな青とオレンジ色ですが、うらは、かれ葉のような色をしています。それに、羽をとじたときの形も木の葉そっくりです。ですから、木のえだにとまっていると、えだにのこったかれ葉と見分けがつきません。

このほかにも、ほご色によって上手に身をかくしているこん虫はたくさんいます。ほご色は、自然のかくし絵だということができるでしょう。

（東京書籍 新編新しい国語 3年（上） 矢島稔）

上の文章を読んで、答えましょう。

(一) 次の□に入る、こん虫の名前を書きましょう。

［セミ］は木のみきの色と、［バッタ］は草の色と、見分けにくい色をしています。

［コノハチョウ］の羽のうらは、かれ葉のような色をしています。

(二) まわりの色と見分けにくい体の色は、どのようなことに役立ちますか。

（てきから身をかくすこと）

(三) ほご色とは、どんな色のことですか。

（身をかくすのに役立つ色）

(四) コノハチョウが木のえだにとまっていると、かれ葉と見分けがつかないわけを二つ書きましょう。

（羽のうらがかれ葉のような色をしているから。）

（羽をとじたときの形が木の葉そっくりだから。）

(五) 作者は、ほご色のことを、別の言葉で何と言っていますか。

（自然のかくし絵）

27

P28

自然のかくし絵(2)

名前［　　　　］

こん虫を食べる鳥やトカゲなどが色を見分ける力は、人間と同じくらいです。

［①］、こん虫のほご色は、人間の目をだますのと同じくらいに、②これらのてきの目をだまして身をかくすのに役立っていると考えられます。

トノサマバッタは、自分の体の色がほご色になるような場所をえらんですんでいるようです。トノサマバッタには、緑色のものとかっ色のものがいます。野外で調べてみると、緑色の草むらにいるのは、ほとんど緑色のバッタで、かれ草やおち葉の上にいるのは、ほとんどがかっ色です。

（東京書籍 新編新しい国語 3年（上） 矢島稔）

上の文章を読んで、答えましょう。

(一) ［①］に当てはまる言葉を、次の中からえらんで〇をつけましょう。

しかし ・ それから ・ (ですから)

(二) ②これらとは、何をさしますか。

（(こん虫を食べる)鳥やトカゲなど）

(三) こん虫のほご色は、何に役立っていますか。

（てきの目をだまして身をかくすのに役立っている。）

(四) トノサマバッタについて、□に言葉を書きましょう。

自分の［体］の色が［ほご色］になるような場所をえらんですんでいる。

(五) トノサマバッタの体の色と、すんでいる場所の関係をまとめましょう。

［緑］色のトノサマバッタ…（緑色の草むら）にいる。

［かっ］色のトノサマバッタ…（かれ草やおち葉の上）にいる。

28

P29

自然のかくし絵(3)

名前［　　　　］

まわりの色が変化するにつれて、体の色がかわっていくこん虫もいます。ゴマダラチョウのよう虫は、エノキの葉を食べて育ちます。秋になって、エノキの葉が黄色くなるにつれて、この虫の体の色も、だんだん黄色にかわっていきます。

こん虫を観察してみると、一日のうちの決まった時間だけ活動し、ほかの時間はじっと休んでいます。多くのこん虫は、この長い時間休む場所の色に、にた色をしています。じっとしているかぎり、ほご色は、身をかくすのに役立ちます。

（東京書籍 新編新しい国語 3年（上） 矢島稔）

上の文章を読んで、答えましょう。

(一) ① ゴマダラチョウのよう虫は、何を食べて育つのですか。

（エノキの葉）

② 秋になると、ゴマダラチョウの体の色は、どうなりますか。

（だんだん黄色にかわる。）

③ ②のようになるのはなぜですか。

（エノキの葉が黄色くなるから。）

(二) 次の文で、正しいものに〇を、そうでないものに×をつけましょう。

（〇）こん虫が活動するのは、一日のうちの決まった時間だけです。

（×）こん虫は、一日中じっとしています。

（〇）多くのこん虫は、長い時間休む場所に、にた色をしています。

（〇）ほご色は、じっとしているかぎり、身をかくすのに役立っています。

（×）こん虫の多くは、ほご色で身をかくしながら一日中動きまわって、いろんな活動をしています。

29

P30

自然のかくし絵(4)

名前［　　　　］

ところが、こん虫が自分の体の色と同じような色をした所にいたとしても、動いたときなどには、鳥やトカゲに食べられてしまうことがあります。鳥やトカゲなどは、ちょっとした動作を見のがさない、するどい目を持っているからです。

ほご色は、どんな場合でも役立つとはかぎりませんが、てきにかこまれながらこん虫が生きつづけるのに、ずいぶん役立っているのです。

（東京書籍 新編新しい国語 3年（上） 矢島稔）

上の文章を読んで、答えましょう。

(一) ① こん虫は、どんな生き物に食べられてしまうのですか。二つ書きましょう。

（鳥）や（トカゲ）

② こん虫が、自分の体の色と同じような色をした所にいても、食べられてしまうのは、どんなときですか。

（動いたとき）

③ それはどうしてですか。

（鳥やトカゲなどは、ちょっとした動作を見のがさない、するどい目を持っているから。）

(二) 次の文で、ほご色について、正しいものに二つ〇をつけましょう。

（　）どんな場合でも、こん虫が生きつづけるのに役立っている。

（〇）どんな場合でも、役立つとはかぎらない。

（〇）こん虫が生きつづけるのに、ずいぶん役立っている。

30

P31

めだか(1)

名前［　　　　］

めだかの学校は　川の中
そっとのぞいて　みてごらん
そっとのぞいて　みてごらん
みんなで　おゆうぎ
しているよ
（茶木　滋『めだかの学校』より）

春になると、小川や池の水面近くに、めだかがすがたをあらわします。めだかは、大変小さな魚です。体長は、三、四センチメートルにしかなりません。

めだかは、のんびり楽しそうに泳いでいるようですが、いつも、たくさんのてきにねらわれています。「たがめ」や「げんごろう」、「やご」や「みずかまきり」などの、水の中にいるこん虫は、とくにこわいてきです。大きな魚や「ざりがに」にもおそわれます。

（教育出版 ひろがる言葉 小学国語 3年（上） 杉浦宏）

上の文章を読んで、答えましょう。

(一) 小川などに、めだかがすがたをあらわすきせつは、いつですか。

（春）

(二) めだかの体長はどれくらいですか。

（三、四センチメートル）

(三) 上の文に出てくるめだかのてきになる生き物の名前を五つ書きましょう。

（たがめ）（げんごろう）

（やご）（みずかまきり）

（ざりがに）

31

P32

めだか(2)

名前［　　　　］

では、めだかは、そのようなてきから、どのようにして身を守っているのでしょうか。

まず、第一に、小川や池の水面近くでくらして、身を守ります。水面近くには、てきがあまりいないからです。

第二に、すいっ、すいっとすばやく泳いで、身を守ります。近づいてきたてきから、さっとにげることが上手です。

第三に、小川や池のそこにもぐっていって、水をにごらせ、身を守ります。近づいてきたてきに見つからないようにかくれるのです。

第四に、何十ぴきも集まって泳ぐことによって、身を守ります。てきを見つけためだかが、きけんがせまっていることを仲間に知らせると、みんなはいっせいにちらばります。そして、てきが目うつりしている間に、にげてしまいます。

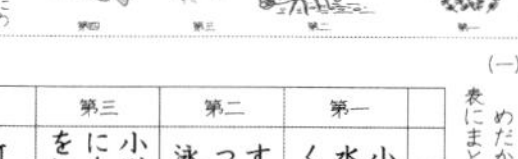

（教育出版 ひろがる言葉 小学国語 3年（上） 杉浦宏）

上の文章を読んで、答えましょう。

(一) めだかの身の守り方と、そうするわけを、次の表にまとめましょう。

	身の守り方	そうするわけ
第一	小川や池の水面近くでくらす。	水面近くには、てきがあまりいないから。
第二	すいっ、すいっとすばやく泳ぐ。	近づいてきたてきから、さっとにげるため。
第三	小川や池のそこにもぐって、水をにごらせる。	かくれるため。
第四	何十ぴきも集まって泳ぐ。	いっせいにちらばって、てきが目うつりしている間ににげるため。

32

※本書にかかれている解答はあくまでも一例です。答えは、文意があっていれば、〇をして下さい。
「思ったこと」「考えたこと」などは様々なとらえ方があります。児童の思いをよく聞いて〇をつけて下さい。

P33

めだか(3)

名前［　　　　］

めだかは、こうして、てきから身を守っているだけではありません。めだかの体には、自然のきびしさにもたえられる、とくべつな仕組みがそなわっているのです。

夏の間、何日も雨がふらないと、小川や池の水がどんどん少なくなり、「ふな」や「こい」などは、次々に死んでしまいます。でも、めだかは、体が小さいので、わずかにのこされた水たまりでもだいじょうぶです。小さな水たまりでは、水温がどんどん上がりますが、めだかの体は、四十度近くまで水温が上がってもたえられるようにできています。

（教育出版　ひろがる言葉　小学国語　3年（上）　杉浦宏）

上の文章を読んで、答えましょう。

(一) 上の文は、何について書いてありますか。当てはまるものに一つ〇をつけましょう。

（　）めだかの、てきからの身の守り方
（〇）めだかの体のとくべつな仕組みについて
（　）何日も雨がふらないときの小川や池の水について

(二) 小川や池の水が少なくなると、次々に死んでしまうのは、どんな魚ですか。二つ書きましょう。

（ふな）（こい）

(三) 小川や池の水が少なくなっても、めだかはどうしてだいじょうぶなのですか。

ア、小さな水たまりでもよいわけ

（体が小さいから。）

イ、水たまりの水温が上がってもよいわけ

（めだかの体は、四十度近くまで上がってもたえられるようにできている。）

33

P34

めだか(4)

名前［　　　　］

また、大雨になると、小川や池の水があふれ、めだかは大きな川におし流されてしまいます。大きな川から海に流されてしまうこともあります。ふつう、真水でくらす魚は、海水では生きることができませんし、海にすむ魚は、真水の中では死んでしまいます。

しかし、めだかは、真水に海水のまざる川口ふきんでも生きることができます。めだかの体は、海水にもたえられるようにできているのです。海に流されためだかは、やがて、みちしおに乗って、川にもどってくることもできます。

小川や池の中で泳いでいるめだかを見ると、ただ「おゆうぎ」をしているようにしか見えないかもしれません。しかし、めだかは、いろいろな方法でてきから身を守り、自然のきびしさにたえながら生きているのです。

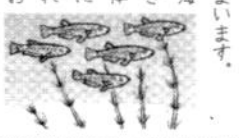

（教育出版　ひろがる言葉　小学国語　3年（上）　杉浦宏）

上の文章を読んで、答えましょう。

(一) めだかが海に流されてしまうこともあるのは、どんなときですか。

（大雨で小川や池の水があふれ、大きな川におし流されたとき。）

(二) 真水でくらす魚と、海にすむ魚と、めだかのちがいを、「海水」や「真水」という言葉を使ってまとめましょう。

真水でくらす魚（海水では生きることはできない。）

海にすむ魚（真水の中では死んでしまう。）

めだか（真水に海水のまざる川口ふきんでも生きることができる。）

(三) 小川や池の中で泳いでいるめだかのことを、何をしているように見えるといっていますか。

（おゆうぎ）

(四) めだかはいろいろな方法でてきから身を守り、何にたえながら生きているのですか。

（自然のきびしさ）

34

※本書にかかれている解答はあくまでも一例です。答えは、文意があっていれば、〇をして下さい。
「思ったこと」「考えたこと」などは様々なとらえ方があります。児童の思いをよく聞いて〇をつけて下さい。

P36　ありの行列 (1)

上の文章を読んで、答えましょう。

(一) アそれは、何をさしていますか。(15)

（ありは、ものがよく見えない。）

(二) 実験した人の名前を書きましょう。(10)

（ウイルソン）

(三) 次の文は、下のどのことがらに当てはまりますか。線でむすびましょう。(15×2)

- 巣の中から、たくさんのはたらきありが、次々と出てきました。 ― かんさつしたこと
- その行列は、はじめのありが巣に帰るときに通った道すじから、外れていないのです。 ― かんさつをしてわかったこと

(四) ①～③の□に当てはまる言葉に、〇をしましょう。(10×3)

① （〇）はじめに　（　）しばらくすると

② （〇）しばらくすると　（　）ところが　（　）しかしながら

③ （　）こまったことに　（　）幸いなことに　（〇）ふしぎなことに

(五) イこれは、何をさしていますか。(15)

（一ぴきのあり）

P37　ありの行列 (2)

上の文章を読んで、答えましょう。

(一) 次の文は、下のどのことがらに当てはまりますか。線でむすびましょう。(10×2)

- それは、においのある、じょうはつしやすいえきです。 ― わかったこと
- ありの行列は、さとうのかたまりがなくなるまでつづきました。 ― かんさつしたこと

(二) ウィルソンの研究したじゅんに、(　)に番号を書きましょう。(6×5)

（1）ありの行列の道すじに大きな石をおいた。
（3）ありが、地面に何か道しるべになるものをつけておいたのではないか、と考えた。
（5）おしりの所から、とくべつのえきを出すことが分かった。
（2）みだれて、ちりぢりになったありの行列が、またできていき、さとうがなくなるまでつづいた。
（4）ありの体の仕組みを、細かに研究した。

(三) アこれらのかんさつは、どのようなかんさつですか。正しいものに〇をしましょう。(10)

（　）ありの体のかんさつ
（　）ありの行列のかんさつ
（〇）ありの通ったあとのかんさつ

(四) ① イとくべつのえきは、どのようなえきですか。(15)

（においのある、じょうはつしやすいえき）

② そのえきは、はたらきありにとって何の役目をしますか。文中の四文字で答えましょう。(10)

道しるべ

(五) この研究から、ウィルソンは、何を知ることができましたか。(15)

（ありの行列のできるわけ）

P38　ありの行列 (3)

上の文章を読んで、答えましょう。

(一) ①のだん落で、はたらきありはどんなときにえきを地面につけるのですか。(20)

（えさを見つけて、帰るとき。）

(二) アえさが多いほど、においが強くなるわけが書かれている文に〇をしましょう。(15)

（　）えさににおいをつけるから。
（〇）多くのありが地面にえきをつけるから。
（　）たくさんのえさが集まるから。

(三) □に当てはまる言葉に、〇をしましょう。(15)

（　）しかし
（　）あのように
（　）それでも
（〇）このように

(四) ありの行列ができるわけをまとめているだん落は①～③のうちどれですか。番号を書きましょう。(15)

（2）

(五) イこのえきとはどんなえきですか。(15)

（はたらきありが、地面につけたえき）

(六) ③のだん落で、ありのえきのにおいについて分かったことは何ですか。(20)

（においが、ありのしゅるいによってちがうこと。）

P39　分類(るい) (1)

上の文章を読んで、答えましょう。

(一) 「分類」とは、何をどうすることですか。(20)

（いろいろあるものを、同じとくちょうをもつものどうしまとめて、全体をいくつかの集まりに分けること。）

(二) アこれは、何をさしていますか。(10)

（売り場が分かれていること。）

(三) スーパーマーケットは、どんな売り場に分かれていますか。上の文から二つ書き出しましょう。(10×2)

（やさいがおいてある所）
（おかしがおいてある所）

(四) わたしたちも、気づかないうちに、生活の中のどんなところで分類していますか。(20)

（つくえやたんすに引き出しがいくつかあれば、ここには何を入れ、ここには何を入れると決めている。）

(五) 次の文で、正しいものに〇、そうでないものに×をしましょう。(10×3)

（〇）分類のしかたは、どのとくちょうに目を向けるかでちがってくる。
（×）一つのもののとくちょうは、一つだけと決まっている。
（〇）もののとくちょうは、一つとはかぎらない。

※本書にかかれている解答はあくまでも一例です。答えは、文意があっていれば、〇をして下さい。
「思ったこと」「考えたこと」などは様々なとらえ方があります。児童の思いをよく聞いて〇をつけて下さい。

P40 分類(2)

上の文章を読んで、答えましょう。

(一) たんすの引き出しを、兄弟三人で使います。①と②は、□の㋐㋑どちらのとくちょうで分類したものでしょう。記号で答えましょう。(10×2)

① お兄さんが着るもの、お姉さんが着るもの、あなたが着るもの （㋑）

② シャツとブラウス、ズボンとスカート、はだ着 （㋐）

㋐どのように着るものか　㋑だれが着るものか

(二) 一度分類したものを、その中でまた、べつのとくちょうで細かく分けるれいとして書かれていることを、二つ書きましょう。(20×2)

（はだ着とそうでないもの）

（上半身に着るものと下半身に着るもの）

(三) 分類は、どんなときに役立ちますか。(10)

（何かをしたり考えたりするとき。）

(四) 分類のしかたには、分類した人の何が表れますか。文中から九文字で□にぬき書きましょう。(10)

ものの見方や考え方

(五) 次の文で、正しいものに〇、そうでないものに×をしましょう。(5×4)

（〇）分類しようとして考えているうちに、それまで気づかなかったとくちょうを見つけられる。

（×）分類は、だれがしても同じようにできる。

（〇）分類は、人によっていろいろにできる。

（×）分類は、分け始めると、どのグループに当てはまるか決まってくる。

P41 すがたをかえる大豆(1)

上の文章を読んで、答えましょう。

(一) 1 2のだん落には、どんなことが書かれていますか。当てはまる記号を□からえらんで書きましょう。(10×2)

1のだん落（㋑）　2のだん落（㋐）

㋐大豆がどんなものかということ
㋑毎日の食事と大豆について
㋒大豆の調理のしかた

(二) （ ）に当てはまる言葉を書きましょう。(5×2)

多くの人が毎日口にしているものに（大豆）があります。それが、意外と知られていないのは、いろいろな食品に（すがた）をかえていることが多いからです。

(三) ダイズが十分に育つと、さやの中のたねはどうなりますか。(10)

（かたくなる。）

(四) 大豆について、正しいものに〇、そうでないものに×をしましょう。(10×4)

（〇）大豆は、そのままでは食べにくい。

（×）水につけてやわらかくしてからいると、に豆になる。

（〇）大豆は、そのままでは消化によくない。

（×）大豆は、そのままでもおいしく食べられる。

(五) アそれ、イこれは、それぞれ何をさしていますか。(10×2)

ア（多くの人がほとんど毎日口にしているもの）

イ（ダイズが十分に育って、さやの中のたねがかたくなったもの）

P42 すがたをかえる大豆(2)

上の文章を読んで、答えましょう。

(一) 大豆の食べ方について、（ ）に言葉や文を書き入れて、表をかんせいさせましょう。(8×5)

	食品にするくふう	食品の名前
①	大豆をいって、こなにひく。	（きなこ）
②	大豆にふくまれる大切なえいようだけを取り出す。	（とうふ）
③	（目に見えない小さな生物の力をかりる。）	納豆（みそ）（しょうゆ）

(二) とうふの作り方のじゅんに、（ ）に番号を書きましょう。(20)

（1）水をいっぱいにすいこんだ大豆をすりつぶして、白っぽいしるを出す。

（3）ぬのを使って中身をしぼり出す。

（4）かためるためにニガリというものをくわえる。

（2）水をくわえて熱する。

(三) 納豆について答えましょう。(10×2)

① 何という小さな生物の力をかりて、作りますか。（ナットウキン）

② 納豆ができるのに、どれくらいかかりますか。（一日近く）

(四) みそについて答えましょう。(10×2)

① 何という小さな生物の力をかりて、作りますか。（コウジカビ）

② ①のほかに使う、ざいりょう全部を書きましょう。（むした米か麦・しお・にてつぶした大豆）

P43 すがたをかえる大豆(3)

上の文章を読んで、答えましょう。

(一) 次の作り方でできる食品を答えましょう。(10×2)

① ダイズを、まだわかくてやわらかいうちにとり入れ、さやごとゆでる。（えだ豆）

② ダイズのたねを、日光に当てずに水だけをやって育てる。（もやし）

(二) 大豆が、ほかの作物にくらべて、多くの食べ方が考えられたわけを、三つ書きましょう。(15×3)

（味がよいから。）

（たくさんのえいようをふくんでいるから。）

（やせた土地にも強く、育てやすいことから、多くの地いきで植えられたから。）

(三) 大豆はたくさんのえいようをふくんでいるので、何とよばれていますか。(10)

（畑の肉）

(四) 大豆について、作者の感そうが書かれている文をぬき書きましょう。(25)

（大豆のよいところに気づき、食事に取り入れてきた昔の人々のちえにおどろかされます。）

※本書にかかれている解答はあくまでも一例です。答えは、文意があっていれば、○をして下さい。
「思ったこと」「考えたこと」などは様々なとらえ方があります。児童の思いをよく聞いて○をつけて下さい。

P44

あっとおどろく漢字の話 (1)

上の文章を読んで、答えましょう。

(一)「休」の話について、答えましょう。

① 話に出てくる人はどんな人ですか。(10)

（畑ではたらいている一人の男）

② その人が思ったことが書いてある文を、三つぬき書きしましょう。(5×3)

「今年もおいしい麦ができるといいなあ。」

「つかれたから、どこかで少し休みたいな。」

「あの木の下なら、きっとすずしいぞ。」

③「　」に当てはまる漢字を書きましょう。(5×3)

「人」が「木」にもたれかかっている様子から、「休」という漢字ができました。

(二)「名」の話について、答えましょう。

① 農作物を育てるのは大仕事だというのは、なぜですか。(15)

（一年がかりだから。）

② 男は、どんな農作物を作っていましたか。(10)

（麦）

③ 向こうからやって来る人が、いったいだれなのか分からないのは、どうしてですか。(10)

（日がくれてあたりは暗いから。）

④ 男も、その人も、相手に向かって大きな声で、何をつげましたか。(10)

（自分の名前）

⑤「　」に当てはまる漢字を書きましょう。(5×3)

「名」という漢字は、まわりがほとんど見えなくなる「夕」方に、人の「口」から出てくるものということからできました。

P45

あっとおどろく漢字の話 (2)

上の文章を読んで、答えましょう。

(一) 家に帰ってきたのはだれですか。また、できていたものは何ですか。(10×2)

だれ（男）

できていたもの（夕ごはんのしたく）

(二)① 「ぼくだよ。」と言ったのはだれですか。(10×2)

（いちばん上の男の子）

② そのときにどんなしぐさをしましたか。

（自分の鼻を指さしながら答えた。）

(三)「自分」の「自」という漢字は、何の形からできましたか。(10)

（鼻の頭を正面から見た形）

(四)（　）に当てはまる言葉を書きましょう。(10×5)

身ぶり手ぶりで（自分）を表すとき、わたしたちはよく、（人さし指）を（鼻）の頭につき立てるしぐさをします。

昔の人たちは、（生活）の中のさまざまな場面から、上手に（漢字）を作り出したのです。

P46

自然（しぜん）のかくし絵 (1)

上の文章を読んで、答えましょう。

(一)① ほご色とは、どんな色のことですか。(15)

（身をかくすのに役立つ色）

② 次の虫のほご色を［　］からえらんで（　）に書きましょう。(5×3)

セミ（木のみき）の色

バッタ（草）の色

コノハチョウの羽のうら（かれ葉）の色

［木のみき　草　かれ葉］

(二) □に当てはまる言葉を書きましょう。(5×3)

コノハチョウの羽のうらは、色だけでなく羽をとじたときの［形］も［木の葉］そっくりで、上手に身をかくしています。

ほご色は、自然の［かくし絵］だということができるでしょう。

(三) アこれらは、どのような生き物のことですか。二つ書きましょう。(10×2)

（こん虫を食べる鳥）（トカゲ）

(四)① トノサマバッタには、どんな色のものがいますか。また、それはどんな場所にすんでいますか。(5×4)

色	場所
（緑色）	→ ［緑色の草むら］
（かっ色）	→ ［かれ草やおち葉の上］

② トノサマバッタは、どんな場所をえらんですんでいますか。(15)

（自分の体の色がほご色になるような場所。）

P47

自然（しぜん）のかくし絵 (2)

上の文章を読んで、答えましょう。

(一)① まわりの色が変化するにつれて、体の色がかわっていくこん虫の名前を書きましょう。(15×3)

（ゴマダラチョウ（のよう虫））

② そのよう虫は、何を食べて育ちますか。

（エノキの葉）

③ そのよう虫は、秋になると何がどのようにかわりますか。

（体の色がだんだん黄色にかわっていく。）

(二) □に当てはまる言葉に、○をしましょう。(5)

（　）そして　（　）それから　（○）ところが

(三)① こん虫が自分の体の色と同じような色をした所にいたとしても、鳥やトカゲに食べられてしまうことがあるのはどういうときですか。(15×2)

（動いたとき）

② なぜ、鳥やトカゲはこん虫を食べることができるのですか。

（ちょっとした動作を見のがさない、するどい目を持っているから。）

(四)（　）に当てはまる言葉を書きましょう。(10×2)

（ほご色）は、どんな場合でも役立つとはかぎらないが、てきにかこまれながら（こん虫）が生きつづけるのに、ずいぶん役立っている。

※本書にかかれている解答はあくまでも一例です。答えは、文意があっていれば、○をして下さい。
「思ったこと」「考えたこと」などは様々なとらえ方があります。児童の思いをよく聞いて○をつけて下さい。

P48 道具を使う動物たち (1)

上の文章を読んで、答えましょう。

(一) ① 人間はどんな動物である、といわれていますか。⑩
（道具を使う動物である。）

② そのことを、れいをあげてせつ明しています。（ ）に当てはまる言葉を書きましょう。(10×3)
くぎを打つとき →（金づちを使う。）
野さいや肉を切るとき →（ほうちょうを使う。）
木を切るとき →（のこぎりを使う。）

(二) ①②の□の中に当てはまる言葉を、□からえらんで書きましょう。(10×2)
①（では）
②（実は）
［実（じつ）は　もっとも　では　とても］

(三) グドールふさいが見た、しんじられないような光景とはどのようなものでしょう。（ ）に言葉を書きましょう。(5×6)
いつ（一九六六）年、どこで（アフリカの草原）で
なにが（エジプトハゲワシ）が、
なにを（ダチョウのたまご）を
なにで（石）で　どうした（わった。）

(四) エジプトハゲワシが使った道具は、何ですか。⑩
（石）

P49 道具を使う動物たち (2)

上の文章を読んで、答えましょう。

(一) ラッコとキツツキフィンチとチンパンジーについて、当てはまる言葉を（ ）に書いて、表をかんせいさせましょう。(7×10)

	ラッコ	キツツキフィンチ	チンパンジー
すんでいるところ	（アメリカ）の西海岸	南太平洋の（ガラパゴスしょ島）	（アフリカ）の森林
食べるもの	（アワビ）／イガイのような二まい貝	（かれ木の中にいる虫）	木の実／（オオアリ シロアリ）
道具にするもの	（両手にはさんだ石）／（平たい石）	サボテンのとげ	（太いぼう）石／（細いぼう 木の皮 草のくき）

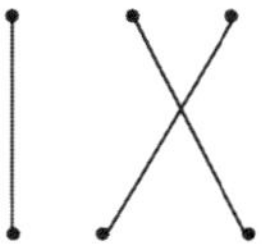

(二) それぞれの動物とかん係ある文を線でむすびましょう。(5×3)
ラッコ — 両手で貝を石に打ちつける。
キツツキフィンチ — とげをようじのように使って、虫をあなから引き出して食べる。
チンパンジー — 木の実を食べるときは、太いぼうや石でからをわって食べる。

(三) ①②の□の中には同じ言葉が入ります。当てはまる言葉を、□からえらんで書きましょう。(5)
（そして）
［そして　しかし　では　つまり］

(四) ア この鳥は、何をさしていますか。⑩
（キツツキフィンチ）

P50 道具を使う動物たち (3)

上の文章を読んで、答えましょう。

(一) 次のアリは、それぞれどんな巣にすんでいますか。(10×2)
オオアリ（木のあな）
シロアリ（地面にとうのような形をした巣を作る。）

(二) チンパンジーがオオアリの巣の出入り口の大きさに合わせて使う道具を線でむすびましょう。(10×3)
大きなあな — 手近にある木のえだ
小さなあな — しなやかなつるや小えだ
さらに小さなあな — 細くした小えだや、はいだ皮をさいたもの

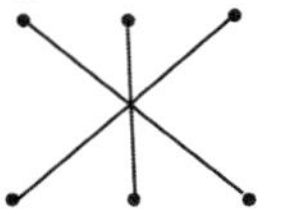

(三) 作者は、チンパンジーがぼうや木の皮などにかみついたオオアリを引き出して食べる様子を、まるで何をしているようだと言っていますか。⑩
（つり）

(四) シロアリの巣の出入り口を見つけたチンパンジーは、ぼうや草のくきなどをさしこむためにまず何をしますか。⑩
（人さし指でそのあなを広げる。）

(五) ①②③の□の中に当てはまる言葉を、□からえらんで書きましょう。(10×3)
①（そして）
②（そこへ）
③（また）
［また　そこへ　けれども　そして］

P51 つな引きのお祭り (1)

上の文章を読んで、答えましょう。

(一) つな引きの日、町の人たちが集まるのは、いつのころですか。⑩
（夕ぐれ）

(二) 何と何とをむすび合わせて、長い大づなにするのですか。⑩
（「おづな」と「めづな」）

(三) ア これは、何をさしていますか。⑮
（むすび合わされた大づなの上から建元さんがとび下りたこと。）

(四) このつな引きは、何人と何人でするのですか。⑩
（三千人と三千人）

(五) つな引きの時のかけ声を書きましょう。(10×2)
① はじめに引く時
「ジョーヤサノー、ジョーヤサノー。」
② 引かれた方が、ばん回をはかる時
「ジョヤサー、ジョヤサー。」

(六) 引っぱるのは、どんなつなですか。⑩
（大づなから出ているえだづな）

(七) つな引きは勝負がつくまで、どのくらいかかりますか。⑩
（数十分）

(八) 負けた方には、どのような負けおしみを言う人もいますか。⑮
（今年勝ってしまったら、楽しみがないもんな。）

つな引きのお祭り (2)

上の文章を読んで、答えましょう。

(一) 刈和野のつな引きについて答えましょう。(各10)

① どのくらい昔からつづいているのですか。

（五百年以上）

② 昔、つな引きで決めたことは何ですか。

（どちらの町で市場を開くか）

③ 今は、何をうらなうのか、文中の言葉の始めと終わりの文字を□に書きましょう。

「上町が勝てば ～ よくとれる。」

④ 真けんにつなを引き合うのはなぜですか。

（負けては一年のはずみがつかないから。）

(二) 沖縄県糸満市真栄里のつな引きについて答えましょう。

① 地区の人たちが、何と何に分かれるのですか。(5×2)

西 と 東

② つな引きが始まる前に行われることを三つ書きましょう。(10×3)

（・着かざった男の子をつなの上に乗せた行列がやってくる）

（・おもしろいおどり）

（・いさましい棒術の試合）

（・二つのつなをむすび合う）

※右の四つの解答の中から、三つ書かれていればよい。

③ つな引きは、いつもどっちが勝つのですか。(10)

西

④ ③は、どういうねがいがあったからですか。(10)

（「神様の世界」を西に引きよせることによって、「神様の世界」からゆたかな実りをもらう受けようというねがい）

もうどう犬の訓練(くんれん) (1)

上の文章を読んで、答えましょう。

(一) 犬は、どんな動物だと言っていますか。正しいものに○、そうでないものに×をしましょう。(5×4)

（○）かしこくて、活発。

（×）走るのがはやくない。

（×）人間と同じくらいの大きさ。

（○）人間となかよくなれる。

(二) （ ）に当てはまる言葉を□からえらんで書きましょう。(5×4)

はたらく犬は、（動物）としての特長を（生かしたり）（おさえたり）して、（訓練）された犬なのです。

おさえたり	見つけたり	犬	動物
訓練	し育	生かしたり	

(三) もうどう犬について答えましょう。(10×5)

① 目の不自由な人にとって、どのようなはたらきをしますか。

（町を安全に歩けるように、目の代わりになって助ける。）

② しつけは、いつから受けますか。

（生まれるとすぐ）

③ いちばんさいしょにする訓練は、どんなことですか。

（人間の言うことにしたがう訓練）

④ いちばんむずかしい命令は、何ですか。

（「ウエイト」（待て））

⑤ なぜ、その命令がむずかしいのですか。

（もともと活発な動物である犬にとって、次の命令があるまで動かないでいるのは、つらいことだから。）

(四) もうどう犬にとって、できなければいけない大切なことは何ですか。(10)

（がまん強くじっと待つこと）

もうどう犬の訓練(くんれん) (2)

上の文章を読んで、答えましょう。

(一) 上の文章は、もうどう犬のどんな訓練について書かれていますか。(10)

（人を安全にみちびく訓練）

(二) ① 訓練で、犬の体に取りつけられている器具を何と言いますか。(10×2)

（ハーネス）

② ①の器具をにぎっていると、つれている人に何がつたわりますか。

（犬の動き）

(三) 訓練では、犬にどんなことが教えられますか。二つ書きましょう。(10×2)

（あぶないものの前で止まったり、それをよけて進んだりすること。）

（使っている人にとってきけんな命令には、したがわないこと。）

(四) (三)の訓練をしてできるようになることに○、そうでないことに×をしましょう。(10×5)

（○）だんになっている所では、かならず一度止まる。

（×）電柱があるとぶつかるので、進まない。

（○）電柱があると、ぶつからないように上手によける。

（○）自動車が走ってくる所で「ゴー」（進め）と命令されても進まない。

（×）どんな時も、つれている人の命令にしたがう。

もうどう犬の訓練(くんれん) (3)

上の文章を読んで、答えましょう。

(一) もうどう犬にふさわしい心がまえとは、どんなことでしょう。三つ書きましょう。(10×3)

（どんなことがあっても、おこったり、ほえたり、あばれたりしてはいけない。）

（仕事中は、人にあまえたり、じゃれたり、おいしそうなにおいのする方に行こうとしたりしてはいけない。）

（他の犬がほえても、気にしない。）

(二) （ ）に当てはまる言葉を、文中からえらんで書きましょう。(7×10)

① もうどう犬にふさわしい心がまえを身につける訓練は、約（三か月）から（半年）かかります。さらに仕上げの（一か月）は、実さいにもうどう犬を使う人といっしょに生活し、いっしょに（町）を歩く練習をします。

一人前になったもうどう犬は、（八年）から（十年）ぐらい、使う人とくらしてはたらきます。

② （目）の不自由な人にとって、もうどう犬は（体）の一部であり、（心）の通う（家族）なのです。

※本書にかかれている解答はあくまでも一例です。答えは、文意があっていれば、○をして下さい。
「思ったこと」「考えたこと」などは様々なとらえ方があります。児童の思いをよく聞いて○をつけて下さい。

P56 めだか (1)

上の文章を読んで、答えましょう。

(一) めだかが、のんびり楽しそうに泳いでいる様子を、『めだかの学校』のうたの中では、どのように言っていますか。(15)

(みんなでおゆうぎしているよ)

(二) ① めだかのてきの中で、こん虫の名前を四つ書きましょう。(5×4)

「たがめ」「げんごろう」

「やご」「みずかまきり」

② ①のこん虫はどこにすんでいますか。(10)

(水の中)

③ めだかは、①のほかに、どんなものにおそわれますか。(15)

(大きな魚や「ざりがに」)

(三) 次の上の文は、めだかの、てきからの身の守り方について書いてあります。下の、そうするわけと――でむすびましょう。(10×4)

- 小川や池の水面近くでくらす ―― てきがあまりいないから
- 小川や池のそこにもぐって、水をにごらせる ―― てきに見つからないようにかくれるため
- すばやく泳ぐ ―― てきから、さっとにげるため
- 何十ぴきも集まって泳ぐ ―― 仲間に知らせて、てきを目うつりさせるため

P57 めだか (2)

上の文章を読んで、答えましょう。

(一) めだかの体にそなわっているとくべつな仕組み(ア)について書かれている段落は、②~⑥のうち、どれでしょう。番号を二つ書きましょう。(10×2)

(③)(⑤)

(二) 次の文で、正しいものに○、そうでないものに×をしましょう。(6×5)

(○) めだかは、体が小さいので、小さな水たまりでも生きていける。
(×) 真水でくらす魚は、海水でも生きていける。
(○) めだかの体は、水温が上がってもたえられる。
(○) めだかは、真水でも海水でも生きられる。
(×) 海に流されためだかは、そのまま海で生きる。

(三) ㋐~㋓の□に当てはまる言葉を、□からえらんで書きましょう。(5×4)

㋐(でも) ㋑(また)
㋒(やがて) ㋓(ただ)

やがて・また・ただ・でも

(四) 真水でくらす魚と、めだかのちがいをまとめましょう。(15)

(真水でくらす魚は、海水では生きることができないが、めだかは、海水にもたえられる。)

(五) 海にすむ魚と、めだかのちがいをまとめましょう。(15)

(海にすむ魚は、真水の中では死んでしまうが、めだかは、真水でも海水でも生きることができる。)

P58 森のスケーター やまね (1)

上の文章を読んで、答えましょう。

(一) 文中に、書かれていることには○、そうでないものには×をしましょう。(10×5)

(×) やまねを知っている人の数について
(○) 日本には、むかしからやまねがすんでいることと、今すんでいるところについて
(○) やまねの体の大きさや重さについて
(×) やまねのすきな食べ物について
(○) 世かいじゅうのやまねの仲間について

(二) 今、やまねは、日本ではどこの森にすんでいますか。文中より書き出しましょう。(5×4)

(本州)(四国)(九州)(隠岐のしま)

(三) やまねの体の様子について、□に当てはまる言葉や数字を書き入れましょう。(3×6)

やまねの体長は、およそ[八]センチメートルです。おしりの先には、やく[五]センチメートルの[しっぽ]があり、ふさふさした[毛]でおおわれています。体重は[十八]グラムほどで、一円玉なら[十八]まい分です。

(四) やまねは、世かいじゅうで、どのような特ちょうをもつ動物だと思われていますか。(12)

(よくねむる動物)

P59 森のスケーター やまね (2)

(一) 上の文章には、小さくてねてばかりいるやまねが、長い間生きぬいてこられた理由が二つ書かれています。次の( )にあてはまる文を書きましょう。(10×2)

① 一つめの理由は、(木の上ですばやく動くことができる体つき)にあります。

② 二つめの理由は、(木の上での生活にてきしたせい長の仕方)にあります。

(二) やまねの四本の足の特ちょうについて答えましょう。(10×5)

① 足はどこから出ていますか。(体の横)

② ①のことから、どんなよいことがありますか。

(えだをかかえやすい。)

③ どんなつめをしていますか。

(わしのくちばしのような形のかぎづめ)

④ ③のことから、どんなよいことがありますか。

(みきやえだをひっかけやすい。)

⑤ この足を使って、えだの下をすばやく走るときは、どんなかっこうになるのですか。

(さかさまになる。)

(三) ① 木の先の細いえだの下を、すべるようにつたっていける様子を、まるでなんのようだと言っていますか。□に書きましょう。(10)

[森のスケーター]

② えだの下を走るとよい理由を書きましょう。(10)

(ふくろうなどの天てきに見つかりにくい。)

(四) 次の□にあてはまる言葉を書きましょう。(5×2)

[天てき]のいる森で生活するやまねには、早くから[えだにつかまる]力がひつようだ。

※本書にかかれている解答はあくまでも一例です。答えは、文意があっていれば、◯をして下さい。
「思ったこと」「考えたこと」などは様々なとらえ方があります。児童の思いをよく聞いて◯をつけて下さい。

P60

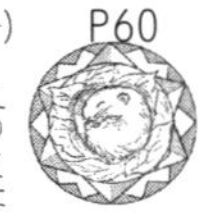

森のスケーター やまね (3)

(一) 上の文章には、小さくてねてばかりいるやまねが長い間生きぬいてこられた、三つめと四つめの理由が書かれています。次の（　）にあてはまる文を書きましょう。(10×2)

① 三つめの理由は、

（様子をつたえ合う鳴き声）にあります。

② 四つめの理由は、

（自然の森にあるいろいろなものを食べること）にあります。

(二) ① 次のやまねの鳴き声は、それぞれどのような時に出すのでしょう。合うものを――でむすびましょう。(10×3)

「すき」という気持ちをつたえる声 ―― めすとおすがけっこんする時
こうげきすることを表す声 ―― おすどうしがけんかをする時
ふくろうには聞こえない高い音の声 ―― 子どもがこまった時

② やまねの声は、何のために役立っていますか。二つ書きましょう。(10×2)

（子どもをのこすため）
（気持ちをつたえ合うため）

(三) ① やまねの食べ物を四つ書きましょう。(5×4)

（花の花ふんやみつ）
（あけびなどの木のみ）
（かれた木の皮）
（がやかなぶんなどの虫）

② やまねが、秋のおわりになると、えいようをたくわえて太るのは、どうしてですか。(10)

（長い冬みんのじゅんびのため）

P61

森のスケーター やまね (4)

(一) 上の文章には、小さくてねてばかりいるやまねが長い間生きぬいてこられた、五つめの理由と、まとめが書かれています。五つめの理由を七文字で表している言葉をぬき書きましょう。(10)

冬みんの仕組み

(二) やまねの冬みんについて、正しい文に◯、そうでない文に×をしましょう。(10×4)

（×）やまねは、さむい地方では、一年のほとんどをねむりつづける。
（◯）おち葉やかれた木の中で、何も食べずにねむりつづける。
（◯）体温を下げて、動かないのは、たくわえたえいようをできるだけ使わないため。
（×）まわりの温度が下がりすぎると、やまねも体温をぐんと下げ、動かない。

(三) ㋐・㋑の□に当てはまる言葉を、□からえらんで書きましょう。(10×2)

㋐（もし）
㋑（しかし）

たとえ・もし
だから・しかし

(四) やまねが、小さくてよくねむることは、何のための方ほうと言っていますか。(10)

（天てきから身を守ったり、きびしい自然の中で生きていったりするための、たくみな方ほう）

(五) さい近、やまねが、ほろぶことが心配される動物に指定され、日本がやまねにとってすみづらくなってきているのは、なぜですか。(10)

（自然の森がへってきているから。）

(六) やまねのすむ森を守るために、大切なことはどんなことですか。(10)

（やまねをもっとよく知ること）

P62

広い言葉、せまい言葉 (1)

上の文章を読んで、答えましょう。

(一) ① 三つの写真のもので、ちがうことを二つ書きましょう。(10×2)

（体の長さ）（形）

② 三つの写真のものは、何の仲間ですか。(10)

（トンボ）の仲間

(二) ㋐・㋑の□に当てはまる言葉を、□からえらんで書きましょう。(10×2)

㋐（しかし）
㋑（ですから）

そして・ですから
しかし・または

(三) ① オニヤンマは、大きな箱・小さな箱のどちらに入りますか。(10×3)

（小さな箱）

② ギンヤンマ・アオイトトンボなどは、大きな箱・小さな箱のどちらに入りますか。

（小さな箱）

③ トンボは、大きな箱・小さな箱のどちらに入りますか。

（大きな箱）

(四) 「トンボ」という言葉は、シオカラトンボ・ハグロトンボ・オニヤンマ……という言葉より、「広い意味をもった言葉」「せまい意味をもった言葉」ですか。(10)

（広い意味をもった言葉）

(五) 「左下の絵」の中の、㋒に当てはまる言葉を書きましょう。(10)

㋒（トンボ）

P63

広い言葉、せまい言葉 (2)

上の文章を読んで、答えましょう。

(一) 次のものは、何の仲間ですか。――でむすびましょう。(10×3)

ヒグラシ ―― セミの仲間
シオカラトンボ ―― トンボの仲間
モンシロチョウ ―― チョウの仲間

(二) シオカラトンボのほかに、文中に書かれているトンボの仲間を二つ書きましょう。(10×2)

（ハグロトンボ）（オニヤンマ）

(三) ヒグラシのほかに、文中に書かれているセミの仲間を二つ書きましょう。(10×2)

（ミンミンゼミ）（アブラゼミ）

(四) ㋐このようなというのは、どのようなことですか。文中からぬき出して書きましょう。(10)

（トンボもセミもチョウも、六本のあしをもっていて、頭・むね・はらの三つに分かれています。）

(五) ① 「左下の絵」の中の㋑に当てはまる言葉を書きましょう。(10×2)

（こん虫）

② 次の□に当てはまる言葉を書きましょう。

「こん虫」という言葉は、トンボ・セミ・チョウ……よりも、もっと「広い言葉」といえます。

※本書にかかれている解答はあくまでも一例です。答えは、文意があっていれば、○をして下さい。
「思ったこと」「考えたこと」などは様々なとらえ方があります。児童の思いをよく聞いて○をつけて下さい。

P64

広い言葉、せまい言葉 (3)

上の文章を読んで、答えましょう。

(一) 次のものは、これまで出てきたうちでいちばん「広い言葉」で表すと、何と言えるでしょうか。「 」に書きましょう。(10×3)

シオカラトンボ →「こん虫」
リュウキン →「魚」
白色レグホン →「鳥」

(二) (一)の三つの仲間を、ほかの一つの言葉でまとめると、何と言いますか。(10)

「動物」

(三) 上の説明文の中で、いちばん「広い言葉」と言えるのは何ですか。(12)

「生物」

(四) 次の図の①～⑥にあてはまる言葉を、[ ]よりえらんで、( )に記号で書きましょう。(8×6)

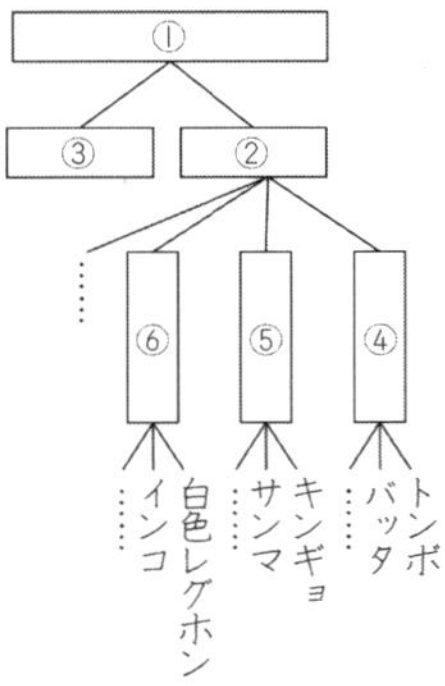

①(エ) ②(ア)
③(オ) ④(カ)
⑤(ウ) ⑥(イ)

ア、動物 イ、鳥 ウ、魚
エ、生物 オ、植物 カ、こん虫

P65

くらしと絵文字 (1)

上の文章を読んで、答えましょう。

(一) 絵文字の特長を二つ書きましょう。(15×2)

第一の特長
(その絵を見たしゅん間に、その意味がわかること)

第二の特長
(つたえる相手に親しみや楽しさを感じさせる、ということ)

(二) (エ)の絵文字の意味を書きましょう。(15)

(こわれやすい物なので、取りあつかいに注意してください。)

(三) ① (オ)の絵文字は、何を表していますか。(10)

(まい子)

② (オ)の絵文字があると、どんな心づかいがつたわってきますか。(15)

(お子さんがまい子になったかたや、まい子を見つけたかたは、どうぞこちらへれんらくしてください。)

(四) ① (カ)の絵文字が使われている動物園では、子どもたちは、どんなことを感じると書かれていますか。(15)

(たんけんをしているような楽しさ)

② つぎの足あとをたどると、どんな動物に会えますか。(15)

(しまうま)

P66

くらしと絵文字 (2)

上の文章を読んで、答えましょう。

(一) 絵文字の第三の特長を書きましょう。(10)

(その意味が言葉や年れいなどのちがいをこえてわかる、ということ。)

(二) (キ)の絵文字について答えましょう。(10×5)

① どんな場所で見られますか。文中から答えましょう。

(デパート)(えい画館)など

② (キ)の絵文字は、たくさんのデザインの中から、何を行って、えらばれましたか。

(けむりの中での見え方の実験)

③ (キ)の絵文字は、どういう意味を表していますか。

(地しんや火事のときは、ここからにげなさい。)

④ この絵文字が、国際会議でもいちばんよいとされたのは、どういう理由からですか。

(外国の人々にも、おさない子どもたちにもすぐわかるから。)

(三) 次の文で、絵文字について正しいものに○、そうでないものに×をしましょう。(10×4)

(×) 絵文字には、見る人の年れいによって、ちがう表し方をする時もある。
(○) 言葉のちがう人でも、絵文字を使えば、つたえたいことが同じようにわかる。
(○) 絵文字の特長を考えていくと、絵文字がたくさん使われている理由がはっきりしてくる。
(×) 絵文字の特長を考えていくと、外国と交流することの大切さがわかってくる。

P67

とんぼのひみつ

上の文章を読んで、答えましょう。

(一) ㋐㋑の[ ]に入る言葉を[ ]からえらんで書きましょう。(6×2)

㋐(ところで)
㋑(このように)

このように
ところで
それでも

(二) とんぼのひみつについて、どんなことが書かれていますか。三つ書きましょう。(10×3)

(しゅるいがとても多いこと)
(とても古くから地球にすんでいること)
(とび方)

(三) とんぼのしゅるいは、どれくらいありますか。(10×2)

① 日本には (二百しゅるい)
② 世界には (五千しゅるい)

(四) ムカシトンボについて答えましょう。(10×2)

① このとんぼは、何とよばれていますか。

(生きた化石)

② それは、どうしてですか。

(一億五千万年ほど前に生きていたとんぼによくにているから。)

(五) 人間ととんぼのことを、どのように書いていますか。[ ]に言葉を書きましょう。(6×3)

同じ[地球]にすむ[なかま]としては、とんぼは人間よりもずっと[先ぱい]である。

先ぱい・地球・なかま

※本書にかかれている解答はあくまでも一例です。答えは、文意があっていれば、○をして下さい。
「思ったこと」「考えたこと」などは様々なとらえ方があります。児童の思いをよく聞いて○をつけて下さい。

P68 ミラクル　ミルク (1)

上の文章を読んで、答えましょう。

(一) ほにゅう動物というのは、どんな動物のことですか。(10)

（お母さんのおちち（ミルク）を飲んで大きくなる動物のこと）

(二) ほにゅう動物のなかまを、上の文から六つ書きましょう。(5×6)

（犬）（ねこ）
（牛）（馬）
（くじら）（人間）
※やぎ・らくだ・トナカイも可

(三) ア めったにありません。の意味に当てはまるものに、一つ○をしましょう。(5)

（　）よくある（○）ほとんどない（　）ぜんぜんない

(四) ① ミルクの飲みかたで、人間の赤ちゃんは、ほかの動物とくらべて、どんなところが同じですか。(10×2)

（お母さんのおちち（ミルク）を飲むところ）

② ちがうところはどこですか。

（ほかの動物のミルクも飲むところ（牛にゅうを飲むところ））

(五) 人間にミルクをくれる動物を、上の文から五つ書きましょう。(5×5)

（やぎ）（らくだ）
（馬）（牛）
（トナカイ）

(六) 牛のミルクがいちばん多く利用されるのは、なぜですか。(10)

（一回にとれるミルクのりょうが、ほかの動物にくらべてとても多いから。）

P69 ミラクル　ミルク (2)

上の文章を読んで、答えましょう。

(一) 動物のミルクが、ミラクルを起こして変身するものを二つ書きましょう。(10×2)

（ヨーグルト）（バター）

(二) ヨーグルトについて、答えましょう。

① 動物のミルクを利用しはじめたのは、どこに住む人たちですか。(10)

（今のエジプトの近く（に住む人たち））

② 五十度ぐらいの暑さにミルクをおきっぱなしにすると、ミルクはヨーグルトになります。ヨーグルトがどうやってできるか、くわしく書きましょう。(10)

（いろいろな菌が空気中からとびこんできて、どんどんふえていく。このとき、ミルクの中に、にゅうさん菌という菌が入ると、ミルクの変身が起きる。それまで水のようにさらっとしていたミルクが、だんだんどろっとしてきて、食べてみると少しすっぱい味になる。）

③ ヨーグルトは、食べるとどんな味がしますか。(10)

（少しすっぱい味）

④ 次の□に当てはまる言葉を書きましょう。(6×5)

ヨーグルトは、[人間]が[ミルク]から作り出した[さいしょ]の食べ物だと言われています。ミルクがくさらずに[ヨーグルト]にかわったのは[にゅうさん菌]のおかげです。

(三) ① バターは、ミルクの中の何がかたまった物ですか。(10)

[しぼう]

② バターは、どんなことにつかわれていますか。二つ書きましょう。(5×2)

（料理）（おかし作り）

P70 ミラクル　ミルク (3)

上の文章を読んで、答えましょう。

(一) アラビアの人は、何にミルクを入れて出かけましたか。(10)

（ひつじの胃ぶくろをほして作った水とう）

(二) 白いかたまりは、今では何とよばれているものですか。(10)

[チーズ]

(三) チーズは、何がかたまったものですか。(10)

ミルクの中の[たんぱくしつ]がかたまったもの

(四) ア それとは、何をさしていますか。正しいものに○をしましょう。(10)

（　）ひつじの胃でできたチーズをもらうこと
（　）たんぱくしつをたくさん作ること
（○）ミルクの中のたんぱくしつをかためること

(五) 今では世界じゅうの人々がチーズを食べているのは、なぜでしょう。理由を二つ書きましょう。(10×2)

（えいようがあるから。）
（とてもおいしいから。）

(六) イ これらの食べ物とは、どんなものですか。三つ書きましょう。(10×3)

（ヨーグルト）（バター）
（チーズ）

(七) (六)の食べ物には、人々のどんな気もちとくふうが表れていると書かれていますか。(10)

（大切な動物のミルクを大じにつかいたい。）

P71 年の始まり (1)

上の文章を読んで、答えましょう。

(一) ① 正月には、町や村の家々に何が来るとしんじられてきましたか。(10×2)

（年神様）

② 正月の行事は、何をいのるために行われるのでしょう。

（一年の安全と幸福）

(二) 今の正月に当てはまるものに○を、昔の人が考えていた正月に当てはまるものに△をしましょう。(10×3)

（○）一月一日から三日まで
（△）一月一日からおよそ一か月間
（○）「松の内」（門松の立ててある期間）

(三) ① 節分の行事は、いつ行われますか。(10)

（二月四日か五日の立春の前の日）

② 節分の行事は、何のために行われるのでしょう。(10)

（悪やけがれをはらうため）

(四) 次のことがらを、一年の中で早いじゅんになるように、（　）に番号を書きましょう。(10)

（4）立春（1）松の内
（2）小正月（3）節分

(五) それぞれ、何をさしていますか。(10×2)

① これ（（一月十一日ごろからじゅんびに入って、）十四日・十五日を中心にいろいろな行事を行う期間）

② これ（小正月）

※本書にかかれている解答はあくまでも一例です。答えは、文意があっていれば、〇をして下さい。
「思ったこと」「考えたこと」などは様々なとらえ方があります。児童の思いをよく聞いて〇をつけて下さい。

P72 年の始まり (2)

(一) 上の文章を読んで、答えましょう。
いちばんよいものに、一つ〇をしましょう。(9)

（ ）作物のゆたかな実りをねがう行事について
（ ）「なる木ぜめ」という行事について
（〇）子どもたちが家々を回る、小正月の行事について

(二) 次のそれぞれの土地では、どんな行事がされていますか。線でむすびましょう。(7×3)

- 静岡県 —— 「なる木ぜめ」
- 新潟県 —— 鳥追いの行事
- 長崎県 —— 家々がさかえるようにいのる行事

(三) 静岡県のある土地の行事について答えましょう。(10×2)

① 子どもたちは、どんなことをしますか。
（「成り申そう」という歌を歌いながら、かきやくりなどの実のなる木をたたき、終わると木にあずきがゆをぬって歩き回る。）

② ねがいごとは何ですか。
（作物のゆたかな実り）

(四) 鳥追いの行事について答えましょう。(10×3)

① 子どもたちは、どんなことをしますか。
（木刀を持って、「鳥追い歌」を歌いながら、村じゅうをねり歩く。）

② ねがいごとは何ですか。二つ書きましょう。
（ゆたかな実りをいのる。）

（作物をあらす悪い鳥を追い払う。）

(五) 新潟県での「もぐらうち」の行事について答えましょう。(10×2)

① 子どもたちは、何をしますか。
（きねやわらたばで畑をたたいて歩く。）

② ねがいごとは何ですか。
（もぐらが田畑をあらさないように。）

P73 合図としるし (1)

(一) 上の文章を読んで、答えましょう。
合図やしるしは、どのようなときに使われますか。(10)

（人に何かを知らせたいとき）

(二) 合図としるしに使われるものを1の文よりえらんで、五つ書きましょう。(5×5)
（音）（光）（色）（数字）（形）

(三) 2と3の文章は、それぞれ、何を使った合図やしるしについてせつ明していますか。（ ）に書きましょう。(10×2)

2…（音）を使った合図やしるし
3…（光）を使った合図やしるし

(四) 2を読んで答えましょう。(10×2)

① げんかんのチャイムについて、家族のだれが帰ってきたのかを知る方法は、どんなことですか。
（人によって鳴らし方を決めておく。）

② 見えなくても、消防車や救急車・パトロールカーのうちの、どれが走っているのがわかるのは、なぜですか。
（それぞれ、ちがった音のサイレンを鳴らしながら走っているから。）

(五) 光で合図をしているものには〇、そうでないものには×をしましょう。(5×5)

（〇）町の交差点の信号機
（×）げんかんのチャイム
（〇）夜間の道路工事中のランプ
（〇）方向をかえることを知らせる自動車のランプ
（×）消防車のサイレン

P74 合図としるし (2)

(一) 上の文章は、何について書かれていますか。よいものに一つ、〇をつけましょう。(10)

（ ）わたしたちが生活していくためには、たくさんの合図やしるしをおぼえなくてはいけない。

（〇）わたしたちの生活には、合図やしるしがたくさん使われている。

（ ）わたしたちの生活には、使っていない合図やしるしもたくさんある。

(二) アこれは、何をさしていますか。(10)
（道路ひょうしきや点字ブロック）

(三) 道路ひょうしきや点字ブロックは、何のためにあるのですか。文中から、当てはまるところをぬき出して書きましょう。(10)
（安全に通行ができるようにするため、道路を通る車や人に、いろいろなことを知らせているのです。）

(四) 形や絵がらを、もっとかんたんにしたものを何と言いますか。(8)
（記号）

(五) 次のことがらをせつ明しているものを——でむすびましょう。(10×3)

- 地図の記号 —— ひと目で分かるはっきりした形
- 算数の記号 —— 言葉で書き表すより、ずっとべんり
- 道路ひょうしき —— 形や絵がらがきちんと定められている

(六) 次の記号は、何のしるしですか。□にア〜ウで答えましょう。(8×4)

 ウ　÷ イ　文 ア　卍 ア

ア、地図の記号
イ、算数の記号
ウ、道路ひょうしき

P75 動物たちのしぐさ (1)

(一) 上の文章を読んで、答えましょう。(10×5)
アこのしぐさについて答えましょう。

① 「この」は、どんなしぐさですか。
（ゾウが、大きな耳をぱたぱたとふっていること。）

② このしぐさは、どんな日にすることが多いですか。
（暑い日）

③ 何のために、そのしぐさをするのでしょう。
（耳をふることによって、体をひやしたり、体に風をおくったりするため。）

④ このしぐさは、人間のするどんなことににていますか。二つ書きましょう。
（うちわであおぐこと。）

（せんぷうきにあたること。）

(二) イそれは何をさしていますか。(10)
（ゾウが、耳をふることによって、体をひやしたり、体に風をおくったりしていること。）

(三) 次の（ ）に当てはまる言葉を、文中よりさがして書き入れましょう。(6×5)
わたしたちが、思わず「（暑い）」と言いたくなるような日には、（動物たち）もやっぱり（暑い）と感じている。

そして、（感じたこと）が、（しぐさ）となって表れる。

(四) 動物たちにとって、しぐさは何だといえますか。(10)
（体で表すことば）

※本書にかかれている解答はあくまでも一例です。答えは、文意があっていれば、○をして下さい。
「思ったこと」「考えたこと」などは様々なとらえ方があります。児童の思いをよく聞いて○をつけて下さい。

P76 動物たちのしぐさ (2)

(一) 上の文章を読んで、答えましょう。
ア みなさんがよく知っている動物たちの名前を、文中から四つ書きましょう。(10×4)

（イヌ）（オオカミ）
（キツネ）（ネコ）

(二) イヌが、耳をぴんと立て、鼻にしわをよせて歯をむき出し、うなっているとき、これらのしぐさは何を表していますか。(10)

（おこっている。）

(三) イヌがこわがっているとき、どんなしぐさをしますか。(15)

（耳をふせて目を細め、首やしっぽを下げ、下げたしっぽは、後ろ足の間に入れている。）

(四) イ一つのものとは、何をさしていますか。(10)

（ネコのえものになる生き物）

(五) ネコが、何かをつかまえようとねらっているときのしぐさは、どんなしぐさですか。くわしく書きましょう。(15)

（耳を立てて首を前の方にのばし、体をひくくしながら、ゆっくりと前へ進む。目は、一つのものをしっかり見つめている。しっぽは水平にのばして、その先だけが、ぴくぴくと動いている。）

(六) □にあてはまる言葉を、次の中からえらんで○をつけましょう。(10)

（○）たいてい （　）だから （　）かならずしも

P77 自転車の活やく (1)

(一) 上の文章を読んで、答えましょう。
自転車は、どういうことでは、ひこうきや電車や自動車にかないませんか。(10)

（たくさんの人や物を運ぶこと。）

(二) ① ひこうきや電車や自動車などで、問題になることはどんなことですか。二つ書きましょう。(10×2)

（空気のよごれ）（うるさい音）

② それはどうしてですか。(10)

（とても大きくて重くて、たくさんのエネルギーを使うから。）

(三) ① 自転車は、アちょっと見るとたよりない感じがするのはなぜですか。(10)

（重さが十～十五キログラムほどだから。）

② 自転車がイ空気もよごさず、うるさい音も出さないのは、なぜですか。(10)

（走るためにひつようなエネルギーは、乗る人の足の力だけだから。）

(四) 自転車がすぐれた乗り物であることをせつ明している文に○を、そうでない文に×をつけましょう。(5×8)

（○）どんなに重い人が乗っても楽々と走ることができる。

（×）たくさんの人や物を運ぶことができる。

（×）とても重くて、たくさんのエネルギーを使う。

（○）空気をよごさず、うるさい音が出ない。

（○）せまい所でも入っていくことができる。

（○）その場所の音やにおい、自然の細やかな表じょうを、はだで感じることができる。

（○）エネルギーは、乗る人の足の力だけですむ。

（×）ほかの乗り物よりも速く走る。

P78 自転車の活やく (2)

(一) 上の文章を読んで、答えましょう。
阪神・淡路大震災のとき、自転車はどんなことに役立ったのですか。(10)

（物を運んだり、大事なことをれんらくしたりするのに役立った。）

(二) 震災のとき、自転車が役立ったわけを二つ書きましょう。(15×2)

（給油するひつようがないから。）

（いざとなったらかつぐこともできる自転車は、どんな道にも入っていけるから。）

(三) 自転車は、世界じゅうで、どのくらいの台数がありますか。(10)

（八億台いじょう）

(四) 日本で、自転車の使い方で問題になっていることを二つ書きましょう。(15×2)

（お年よりが、歩道を走る自転車をこわいと感じていること。）

（駅の近くや商店がいでは、ところかまわずおかれた自転車が、歩く人のじゃまをしていること。）

(五) 自転車についてのまとめの文です。次の□に当てはまる言葉を書きましょう。(5×4)

自転車が、［歩く人］をさまたげずに［かいてき］に走ることができれば、いっそう［べんり］で［楽しい］乗り物になる。

※本書にかかれている解答はあくまでも一例です。答えは、文意があっていれば、○をして下さい。
「思ったこと」「考えたこと」などは様々なとらえ方があります。児童の思いをよく聞いて○をつけて下さい。

分類(ぶんるい)

名前

「分類」を読んで、答えましょう。

(一) この文章で、作者が言おうとしていることは、次のうちどれですか。番号で答えましょう。(10)

1 きせつがかわる時には、衣類の分類をしなおすとよいこと。
2 分類のしかたが上手なスーパーマーケットは、はんじょうすること。
3 たんすの引き出しは、分類をして、きょうだいでなかよく使うとよいこと。
4 分類のしかたは、する人のものの見方や考え方によって、いろいろあること。

4

(二) 次の文は、1～8のだん落の要点です。(　)にあてはまるだん落の番号を書きましょう。(5×8)

(5) たんすの引き出しを三人で使うときの分類の例
(3) わたしたちは、生活の中で、気づかないうちに分類をしている。
(7) 細かく分けた分類の例
(2) スーパーマーケットで、商品をとくちょうによって分類している例
(1) ものを、とくちょうでいくつかの集まりに分けることを、分類という。
(6) 一度分類したものも、もっと細かく分類することができる。
(4) どのとくちょうに目を向けるかによって、分類のしかたがちがう。
(8) 分類は、何かをしたり考えたりするとき、とても役立つ。

(三) スーパーマーケットに、トマトを買いに行きます。何がおいてある所へ行きますか。(8)

（野さい）

(四) 次の衣類を、三つの引き出しに分けて入れます。

① 引き出しの□に、衣類の番号①～⑦を書いて、分類しましょう。(3×7)

〔例〕
②⑤⑥
③④
①⑦

② あなたがどんなとくちょうで三つに分けたのか、せつめいしましょう。(7×3)

〔例〕
上の引き出し（はだ着とくつ下）
中の引き出し（上半身に着るもの）
下の引き出し（下半身に着るもの）

自然(しぜん)のかくし絵

名前

「自然のかくし絵」を読んで、答えましょう。

(一) この文章で説明しているのは、次のうちどれについてですか。番号で答えましょう。(10)

1 自然の中には、いろんな絵がかくされている。
2 こん虫は、鳥やトカゲなどに食べられて、自然の中で生きつづけることはできない。
3 ほご色は、こん虫が生きつづけるために、ずいぶん役立っている。
4 自然の中のこん虫は、いろいろな色に変化して、とてもきれい。

3

(二) 文の中に出てくる、自然のかくし絵になるこん虫をぜんぶ書きましょう。(8)

（セミ、バッタ、コノハチョウ、トノサマバッタ、ゴマダラチョウのよう虫）

(三) ① ㋐これらのてきとありますが、何がこん虫のてきは何ですか。(8)

（鳥やトカゲ）

② ㋐これらのてきの目は、どれくらいの色を見分ける力や、動きを見る力がありますか。二つ書きましょう。(10×2)

（人間と同じくらいの色を見分ける力）
（ちょっとした動作を見のがさない、するどさ）

(四) 次のこん虫は、どんなかくし絵を使っていますか。それぞれの身のかくし方を書きましょう。(10×3)

コノハチョウ（羽のうらは、かれ葉のような色をしていて、羽をとじたときの形も木の葉そっくりで、木のえだにとまっていると、えだにのこったかれ葉と見分けがつかない。）

トノサマバッタ（緑色の草むらにいるのは、ほとんど緑色のバッタで、かれ草やおち葉の上にいるのは、ほとんどがかっ色。）

ゴマダラチョウ（秋になって、エノキの葉が黄色くなるにつれて、この虫の体の色も、だんだん黄色にかわっていく。）

(五) 作者は、自然のかくし絵のことを、□□色を使っていると書いています。□□にあてはまる言葉をひらがな二文字で書きましょう。(8)

ほ ご 色

(六) ① 文の中に出てくるこん虫の中で、一ぴきだけ、あなたがつかまえるとしたら、どの虫がいいですか。(8)

（〔例〕かっ色のトノサマバッタ）

② その虫は、どこへ行けば見つけることができるでしょうか。(8)

（〔例〕公園のすみのかれ草があるところ）

めだか

名前

「めだか」を読んで、答えましょう。

(一) めだかには、たくさんのてきがいます。文中に出てくるてきの名前をぜんぶ書き出しましょう。(10)

（たがめ、げんごろう、やご、みずかまきり、大きな魚、ざりがに）

(二) めだかのてきからの身の守りかたについて、合うものを線でむすびましょう。(5×8)

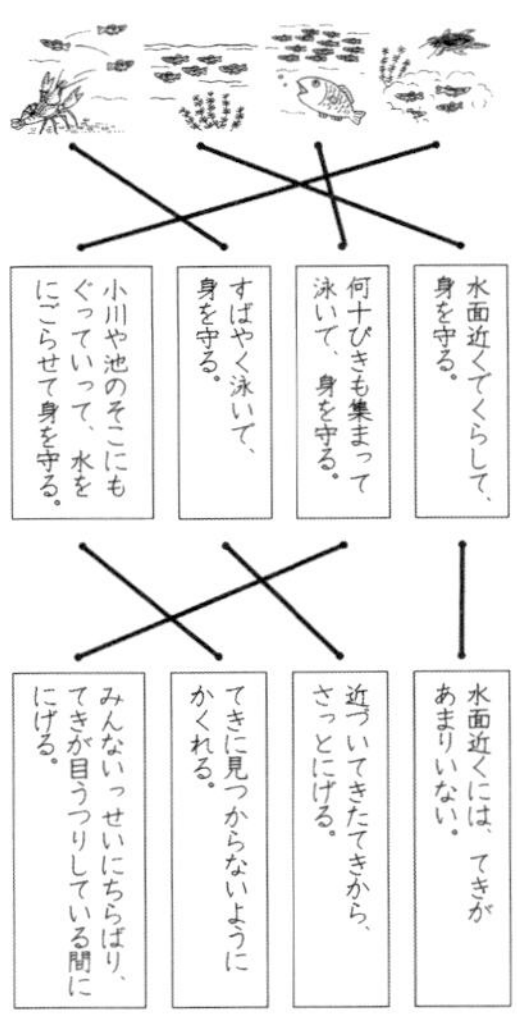

水面近くでくらして、身を守る。
何十ぴきも集まって泳いて、身を守る。
すばやく泳いて、身を守る。
小川や池のそこにもぐっていって、水をにごらせて身を守る。
水面近くには、てきがあまりいない。
近づいてきたてきから、さっとにげる。
てきに見つからないようにかくれる。
みんないっせいにちらばり、てきが目うつりしている間ににげる。

(三) めだかの体には、自然のきびしさにたえられる「とくべつな仕組み」があると書かれていますが、どんな「とくべつな仕組み」がありますか。(10×5)

① 「ふな」や「こい」と「めだか」をくらべて、例のように書きましょう。

(例) ふなやこいは、（水が少ないと死んでしまう。）
めだかは、（小さな水たまりでも生きていける。水温が四十度近くまで上がってもたえられる。）

② 「真水でくらす魚」と「めだか」をくらべて書きましょう。

真水でくらす魚は、（海水では生きることができない。）
めだかは、（海水にもたえられる。）

③ 「海にすむ魚」と「めだか」をくらべて書きましょう。

海にすむ魚は、（真水の中では死んでしまう。）
めだかは、（真水でも、真水に海水のまざる川口・ふきんでも生きることができる。）

※本書にかかれている解答はあくまでも一例です。答えは、文意があっていれば、〇をして下さい。
「思ったこと」「考えたこと」などは様々なとらえ方があります。児童の思いをよく聞いて〇をつけて下さい。

P87

とんぼのひみつ

名前

87

「とんぼのひみつ」を読んで、答えましょう。

(一) とんぼのひみつについて、文の中から当てはまるところをさがし、まとめましょう。(10×3)

一つめのひみつ（しゅるいがとても多い。日本には、およそ二百しゅるい、世界には、やく五千しゅるいのとんぼが生きている。）

二つめのひみつ（古くから地球にすんでいる。とんぼのそ先が生まれたのは、やく三億年前。）

三つめのひみつ（四まいの羽をじょうずに動かしてとび、時速百キロメートルものスピードを出したり、バックやちゅうがえりをしたりすることもできる。）

(二) 文の中で、ところで、まず、このように、のあとに続く文には、何が書かれていますか。線で結びましょう。(10×3)

ところで、
まず、
このように、

一つめのひみつが書かれている。
まとめが書かれている。
ぎ問をなげかけている。

(三) 「とんぼ」と「ちょう」のちがいについて、あなたの知っていることを書きましょう。(10×2)

とんぼは、（略）

ちょうは、（略）

(四) 「とんぼ」と「せみ」のちがいについて、あなたの知っていることを書きましょう。(10×2)

とんぼは、（略）

せみは、（略）

P89

自転車の活やく (1)

名前

89

「自転車の活やく」(1)を読んで、答えましょう。

(一) ① 自転車が、ひこうき・電車・自動車とをくらべて、次の問いに答えましょう。

自転車が、ひこうき・電車・自動車よりすぐれている点を、文中から四つぬき書きしましょう。(10×4)

（どんなに重い人が乗っても楽々と走ることができます。）

（走るためにひつようなエネルギーは、乗る人の足の力だけですから、空気もよごさず、うるさい音も出しません。）

（せまい所でも入っていくことができます。）

（その場所の音やにおい、自然の細やかな表じょうを、はだで感じることができます。）

② ひこうき・電車・自動車の方が、自転車よりすぐれている点を、自分の考えも入れてよいので、二つ書きましょう。(10×2)

（(解答例) たくさんの人や物を運ぶことができる。
人や物を速く運ぶことができる。
遠くまで行くことができる。　など）

(二) 自転車と自動車があります。次の中から、自転車を使った方がよい場合には〇、自動車を使った方がよい場合には△をつけましょう。(5×6)

（△）弟が熱を出したので、すぐに病院につれていく。

（〇）せまい道や階だんがたくさんある住たく地で、新聞をくばる。

（△）遠くはなれた町まで、重たい荷物を運ぶ。

（△）雨がひどくふってきたけど、出かけなければならない。

（〇）きれいなけしきを見ながら、いなかの道をのんびり走りたい。

（〇）近くのゆうびんポストまで手紙を出しに行く。

(三) あなたは、自転車とひこうき・電車・自動車とでは、どちらが乗り物としてよいと思いますか。理由もつけて、自分の考えを書きましょう。(10)

（略）

P91

自転車の活やく (2)

名前

91

「自転車の活やく」(1)と(2)を読んで、答えましょう。

(一) 本文を1〜8の八つに分けました。1〜8の内ようは、あとの［ ］のどれにあたりますか。［ ］から言葉を選んで、（ ）に書き入れましょう。(6×8)

1（乗り物の一つとしての自転車）

2（自転車はすぐれた乗り物）

3（自転車の活やく(ぼうけん旅行)）

4（自転車の活やく(小学生の自転車旅行)）

5（自転車の活やく(空をとぶ)）

6（自転車の活やく(震災のとき)）

7（自転車の使い方の問題点）

8（自転車がべんりで楽しい乗り物になるために）

［自転車の使い方の問題点
乗り物の一つとしての自転車
自転車はすぐれた乗り物
自転車がべんりで楽しい乗り物になるために
自転車の活やく(ぼうけん旅行)
自転車の活やく(小学生の自転車旅行)
自転車の活やく(震災のとき)
自転車の活やく(空をとぶ)］

(二) ① あなたが、自転車の特ちょうを表していると思う言葉を、次の中からえらんで〇を三つつけましょう。(10)

略

［はやい　かるい　たくさんはこべる　小まわりがきく　ねんりょうがいらない］

② なぜ、それに〇をつけましたか。理由を書きましょう。(理由は、どれか一つの〇についてでもよい。)(10)

（略）

(三) あなたが、自転車の使い方で「問題だなあ」と思うことを二つ書きましょう。(10×2)

（(解答例) 歩道を走るときがあぶない。）

（ところかまわずおかれるので、歩く人のじゃまになる。）

(四) 自転車の(三)のような使い方について、どうすればよくなると思いますか。自分の意見を書きましょう。(12)

（略）

※本書にかかれている解答はあくまでも一例です。答えは、文意があっていれば、〇をして下さい。
「思ったこと」「考えたこと」などは様々なとらえ方があります。児童の思いをよく聞いて〇をつけて下さい。

P94

わたしと小鳥とすずと　名前［　　　］

わたしと小鳥とすずと

1
わたしが両手をひろげても、
お空はちっともとべないが、
とべる小鳥はわたしのように、
地面をはやくは走れない。

2
わたしがからだをゆすっても、
きれいな音はでないけど、
あの鳴るすずはわたしのように
たくさんなうたは知らないよ。

3
すずと、小鳥と、それからわたし、
みんなちがって、みんないい。

上の詩を読んで、答えましょう。

(一) 1と2では、それぞれ、何と何をくらべていますか。
1（わたしと　小鳥）2（わたし　と　すず）

(二) 1と2で二つのものをくらべているのは、どうしてでしょう。正しいものに〇をつけましょう。
（　）二つのよくないところを見つめるため
（　）二つのできないところをはっきりさせるため
（〇）二つのよいところをはっきりさせるため

(三) ① 作者の気持ちがいちばん強く表れているのは、1 2 3のうち、どこですか。（3）
② 作者のいちばん言いたい言葉を、詩の中よりぬき出して書きましょう。
（みんなちがって、みんないい。）

(四) この詩を読んで思ったことや、感じたことを書きましょう。
（略）

94

P95

キリン　名前［　　　］

キリン

1
キリンを　ごらん
足が　あるくよ

2
顔

3
くびが　おしてゆく
そらの　なかの
顔

4
キリンを　ごらん
足が　あるくよ

上の詩を読んで、答えましょう。

(一) 1の「足が　あるくよ」というところからわかることを、次の文からえらんで〇をつけましょう。
（　）キリンの足の動きが早いので、足ばかり見ている。
（〇）キリンはせが高く、作者の目の高さがちょうど足のところにある。
（　）キリンのからだを見ると、足だけが動いているのがわかる。

(二) 作者は、足の次に、キリンの何を見ていますか。（顔）

(三) 3の「そらの　なかの　顔」という言葉から、キリンのどんな様子がわかりますか。
（キリンの首は長い（顔がずっと上の方にある））

(四) この詩から、キリンがどのように歩く様子がうかびますか。二つ〇をつけましょう。
（　）キリンが足を見ながら歩いている。
（〇）キリンがゆうゆうと歩いている。
（〇）キリンの顔が高いので、空の中をキリンの顔が進んでいるように見える。

(五) この詩を読んで思ったことや、感じたことを書きましょう。
（略）

95

P96

とおくに　みえる　き　名前［　　　］

とおくに　みえる　き

1
とおくに　みえる　き
だいすきな　き
はしってゆこうか
あるいてゆこうか
きのそばに

2
とおくに　みえる　き
だいすきな　き
あしたも　くるから
そこに　たっていて
ずっと　そこに　たっていて

上の詩を読んで、答えましょう。

(一) この木はどんな木でしょうか。よいものに一つ〇をつけましょう。
（　）小さな木（〇）大きな木（　）ひくい木

(二) 1の部分で、作者はどうしたいと思っていますか。
（木のそばにいきたい）

(三) 2の中で、作者は、あしたどうすると言っていますか。詩の中の言葉をぬき書きしましょう。
（くるから）

(四) 木にたいする作者のねがいがあらわれている言葉を、2から、ぬき書きしましょう。
（ずっと　そこに　たっていて）

(五) 作者は、この木のことをどう思っていますか。詩の中の言葉をぬき書きしましょう。
（だいすき）

(六) この詩を読んで思ったことや、感じたことを書きましょう。
（略）

96

P97

どきん　名前［　　　］

どきん

さわってみようかなあ　つるつる
おしてみようかなあ　ゆらゆら
もすこしおそうかなあ　ぐらぐら
もいちどおそうかあ　がらがら
たおれちゃったよなあ　えへへ
いんりょくかんじるねえ　みしみし
ちきゅうはまわってるう　ぐいぐい
かぜもふいてるよお　そよそよ
あるきはじめるかあ　ひたひた
だれかがふりむいた！　どきん

上の詩を読んで、答えましょう。

(一) 「おしてみようかなあ」と思って、何回おしたら、たおれましたか。（三）回

(二) 次の文につづく言葉を——でむすびましょう。
あるきはじめるかあ —— ひたひた
いんりょくかんじるねえ —— みしみし
かぜもふいてるよお —— そよそよ
ちきゅうはまわってるう —— ぐいぐい

(三) この詩を読んで、「ゆらゆら」と「ぐらぐら」と「がらがら」のちがいを書きましょう。
ゆらゆら（ものがすこしゆれている。）
ぐらぐら（ものがたおれそうにゆれている。）
がらがら（ものがたおれてしまった。）

(四) この詩を読んで思ったことや、感じたことを書きましょう。
（略）

97

P98

夕日がせなかをおしてくる　名前［　　　］

夕日がせなかをおしてくる

1
夕日がせなかをおしてくる
まっかなうででおしてくる
歩くぼくらのうしろから
でっかい声でよびかける
さよなら　さよなら
さよなら　きみたち
ばんごはんがまってるぞ
あしたの朝ねすごすな

2
夕日がせなかをおしてくる
そんなにおすなあわてるな
ぐるりふりむき太陽に
ぼくらも負けずどなるんだ
さよなら　さよなら
さよなら　太陽
ばんごはんがまってるぞ
あしたの朝ねすごすな

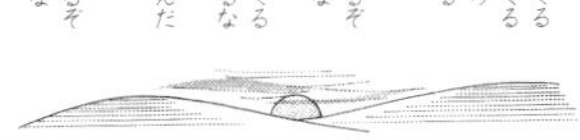

上の詩を読んで、答えましょう。

(一) 「せなか」はだれのせなかですか。詩の中の言葉で答えましょう。
（ぼくら）

(二) 「まっかなうで」とは何ですか。正しいものに〇をつけましょう。
（　）でっかい声（　）あしたの朝（〇）夕日

(三) 1と2の言葉をよびかけているのはだれですか。それぞれ（　）に書きましょう。
1（夕日（太陽））2（ぼくら）

(四) 「ねすごすな」の意味で、正しいものに〇をつけましょう。
（　）あしたの朝は、ねてすごそう
（〇）あしたの朝、ねぼうしないように
（　）あしたの朝も、また会おう

(五) この詩を読んで思ったことや、感じたことを書きましょう。
（略）

98

P99

木の葉　名前［　　　］

木の葉

1
春から　夏まで
編みました
みどりの木の葉の
おようふく
みんなが　やすんで
いけるよう
いっしょに　木かげも
編みました

2
秋から　冬には
ぬぎました
ちゃいろい木の葉の
おようふく
春まで　ねている
草の芽の
もうふに　かけて
あげました

上の詩を読んで、答えましょう。

(一) 1について答えましょう。
① いつの季節のことですか。（春　から　夏　まで）
② おようふくは何でできていますか。（みどりの木の葉）
③ みんながやすんでいけるよう、何をつくりましたか。（木かげ）

(二) 2について答えましょう。
① いつの季節のことですか。（秋　から　冬　まで）
② おようふくは何でできていますか。（ちゃいろい木の葉）
③ 「かけてあげました」とありますが、何をかけてあげたのでしょう。
（(ぬいだ)ちゃいろい木の葉のおようふく）

(三) この詩を読んで思ったことや、感じたことを書きましょう。
（略）

99

P100

どこかで春が　名前［　　　］

どこかで春が

どこかで「春」が生まれてる
どこかで水がながれ出す

どこかでひばりがないている
どこかで芽の出る音がする

山の三月東風ふいて
どこかで「春」が生まれてる

※東風…春に東からふいてくる風。

上の詩を読んで、答えましょう。

(一) 「春」が生まれてくる様子を表す部分を、詩の中から三つぬき書きしましょう。
（どこかで水がながれ出す）
（どこかでひばりがないている）
（どこかで芽の出る音がする）

(二) 作者が、この詩でいちばん言いたい言葉を、詩の中からぬき書きしましょう。
（どこかで「春」が生まれてる）

(三) この詩を読んで思ったことや、感じたことを書きましょう。
（略）

100

P101

ひろがる言葉　名前［　　　］

ひろがる言葉

言葉は　ボール
ぼくから
きみに
あなたから
わたしに
楽しい
キャッチボールが
できると　いいな

ア
みんなの　気もちを
のせていけ
言葉の　ボール

上の詩を読んで、答えましょう。

(一) 言葉を、何だと言っていますか。（ボール）

(二) 言葉のやりとりを、何だと言っていますか。（キャッチボール）

(三) 作者が、ぼくからきみに、あなたからわたしに願っていることは何ですか。詩の中から言葉をぬき書きしましょう。
（楽しい　キャッチボールが　できると　いいな）

(四) アの部分を、イのように書きかえました。アとイのちがいを書きましょう。
イ
言葉の　ボール
みんなの　気もちを
のせていけ
（アは「言葉のボール」をつよく言っている。イは「のせていけ」をつよく言っている。）

(五) この詩を読んで思ったことや、感じたことを書きましょう。
（略）

101

P102

ゆうひのてがみ　名前［　　　］

ゆうひのてがみ

ゆうびんやさんが
ゆうひを　せおって
さかみちを　のぼってくる
まるで　きりがみのように
ゆうひを　すこしずつ　ちぎって
「ゆうびん」
ポストに　ほうりこんでいく
ゆうびんやさんが　かえったあと
いえいえのまどに
ぽっと　ひがともる

上の詩を読んで、答えましょう。

(一) 「ゆうひを　せおって」からわかる、ゆうびんやさんの様子に、二つ〇をつけましょう。
（〇）東をむいてのぼってくる。
（　）西をむいてのぼってくる。
（〇）せなかが赤くてらされている。
（　）顔が赤く光っている。

(二) いえいえのまどに、ひがともるのは、だれが帰ったあとのことですか。
（ゆうびんやさん）

(三) この詩を読んで思ったことや、感じたことを書きましょう。
（略）

102

※本書にかかれている解答はあくまでも一例です。答えは、文意があっていれば、○をして下さい。
「思ったこと」「考えたこと」などは様々なとらえ方があります。児童の思いをよく聞いて○をつけて下さい。

P103

くまさん　名前［　　　］

くまさん

はるが　きて
めが　さめて
くまさん　ぼんやり　かんがえた
さいているのは　たんぽぽだが
ええと　ぼくは　だれだっけ
だれだっけ

はるが　きて
めが　さめて
くまさん　ぼんやり　かわに　きた
みずに　うつった　いいかお　みて
そうだ　ぼくは　くまだった
よかったな

（学校図書　みんなと学ぶ　小学校国語　3年(上)　まど・みちお）

上の詩を読んで、答えましょう。

(一) くまさんは、いままで何をしていたのですか。
（ねていた。（とうみんしていた。））

(二) 「ぼんやり　かんがえた」とありますが、何を考えたのですか。
（ぼくは　だれだっけ）

(三) くまさんが「ぼくは　くまだった」とわかったのは、どこに行って、何を見たからですか。
どこ（かわ）
何を見た（みずにうつった(いい)かお）

(四) 「よかったな」と思ったのは、なぜですか。
（・ぼくはくまだったとわかったから。
・いいかおをしていたから。など）

(五) この詩を読んで思ったことや、感じたことを書きましょう。
（略）

103

P104

山　名前［　　　］

山

うれしいときは
山をみる
どっしり　すわった
山をみる
〝しっかりやれよ〟と
いうように
山はだまって
ぼくをみる

かなしいときも
山をみる
どっしり　すわった
山をみる
〝だいじょうぶだよ〟と
いうように
山はだまって
ぼくをみる

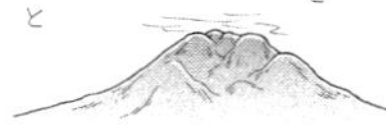

（学校図書　みんなと学ぶ　小学校国語　3年(上)）

上の詩を読んで、答えましょう。

(一) ぼくは、どういうときに山をみますか。二つ書きましょう。
（うれしいとき）
（かなしいとき）

(二) ぼくがみる山は、どんな山ですか。
（どっしりすわった山）

(三) 山がぼくに言ってくれていると思う言葉を、詩の中から書き出しましょう。
（しっかりやれよ）
（だいじょうぶだよ）

(四) この詩を読んで思ったことや、感じたことを書きましょう。
（略）

104

P105

星とたんぽぽ　名前［　　　］

星とたんぽぽ

①
青いお空のそこふかく、
海の小石のそのように、
夜がくるまでしずんでる、
昼のお星はめにみえぬ。
見えぬけれどもあるんだよ、
見えぬものでもあるんだよ。

②
ちってすがれたたんぽぽの、
かわらのすきに、だァまって、
春のくるまでかくれてる、
つよいその根はめにみえぬ。
見えぬけれどもあるんだよ、
見えぬものでもあるんだよ。

※すがれた…草木や花がしおれ、かれる。

（学校図書　みんなと学ぶ　小学校国語　3年(上)　金子　みすゞ）

上の詩を読んで、答えましょう。

(一) ①を読んで答えましょう。
① 昼の星は、どこにしずんでいるのでしょう。
（青いお空のそこ）
② 昼の星を、何にたとえていますか。
（海の小石）
③ 星は、いつまでしずんでいるのでしょう。
（夜がくるまで）

(二) ②を読んで答えましょう。
① たんぽぽは、どこにかくれているのでしょう。
（かわらのすき）
② たんぽぽは、いつまでかくれているのでしょう。
（春のくるまで）
③ 見えないものは、何ですか。
（(つよい)たんぽぽの根）

(三) 「星とたんぽぽ」の詩で、作者がいちばん言いたい言葉を書き出しましょう。
（見えぬけれどもあるんだよ、
見えぬものでもあるんだよ。）

(四) この詩を読んで思ったことや、感じたことを書きましょう。
（略）

105

P106

ゆめみるいなご　名前［　　　］

のはらうたⅠ

ゆめみるいなご

いなご　わたる

①
ぼくはいつも　ゆめみるいなご
たびにでたいと　ゆめみるいなご
みつめろ　ちへいせん
みあげろ　あおいそら
ぼくは　いつか　きっと
ひこうきに　なるぞ

②
ぼくはいつも　ゆめみるいなご
たびにでたいと　ゆめみるいなご
ふんばれ　6ぽんのあし
ひろげろ　4まいのはね
ぼくは　いつか　きっと
くもに　とびのるぞ

（学校図書　みんなと学ぶ　小学校国語　3年(下)　工藤　直子）

上の詩を読んで、答えましょう。

(一) 「ぼく」というのは、だれですか。
（いなご）

(二) 「ぼく」はいつも、何をゆめみていますか。
（たびにでること）

(三) 「みつめろ　ちへいせん　みあげろ　あおいそら」と言って、「ぼく」が心にきめたことは何でしょう。
（(いつか　きっと)
ひこうきに　なるぞ）

(四) 「ふんばれ　6ぽんのあし　ひろげろ　4まいのはね」と言って、「ぼく」が心にきめたことは何でしょう。
（(いつか　きっと)
くもに　とびのるぞ）

(五) ①と②で、同じ言葉が出てきます。すべて書き出しましょう。
（ぼくはいつも　ゆめみるいなご
たびにでたいと　ゆめみるいなご
ぼくは　いつか　きっと）

(六) この詩を読んで思ったことや、感じたことを書きましょう。
（略）

106

P107

みえないストロー　名前［　　　］

みえないストロー

シャボンだまを　ふきふき　おもう
なんてきれいな　まるなんだろうと
このまるは　どこからくるんだろうと

そういえば　りんごも　ぶどうも　なしも
わたしのすきなくだものは　みんなまる

わたしがシャボンだまを　ふくらますように
だれかが　みえないストローで
くだものを　ふくらませているのではないかしら
りんごのきのしたで
ぶどうのきのしたで

（大阪書籍　小学国語　3年(下)）

上の詩を読んで、答えましょう。

(一) 「シャボンだまを　ふきふき　おもう」ことは、どんなことですか。
（なんてきれいな　まるなんだろう
このまるは　どこからくるんだろう）

(二)
① 「わたしのすきなくだもの」とは何ですか。三つかきましょう。
（りんご）（ぶどう）（なし）
② それは、どんなかたちをしていますか。
（まる）

(三) 「りんごのきのしたで　ぶどうのきのしたで」のあとにつづく言葉を書きましょう。
（だれかが　みえないストローで
くだものを　ふくらませている
のではないかしら）

(四) この詩を読んで思ったことや、感じたことを書きましょう。
（略）

107

著者
堀越　じゅん　　大阪府公立小学校　元教諭
羽田　純一　　　京都府公立小学校　元教諭
平田　庄三郎　　京都府公立小学校　元教諭　　他４名

企画・編集者・著者
原田　善造　　　わかる喜び学ぶ楽しさを創造する教育研究所　著者代表

参考文献
・光村図書　「国語３年（上）わかば（下）あおぞら」
・東京書籍　「新編新しい国語　３年（上）（下）」
・教育出版　「ひろがる言葉　小学国語　３年（上）（下）」
・学校図書　「みんなと学ぶ小学校国語　３年（上）（下）」
・大阪書籍　「小学国語３年（上）（下）」
・文部科学省　［資料］平成17年「PISA調査の公開問題例」
・　　〃　　　［資料］平成17年「TIMSS調査の公開問題例」
・　　〃　　　平成19年度　全国学力・学習状況調査の問題　小学校国語Ａ・国語Ｂ
・経済界　　日本語翻訳版「フィンランド国語教科書　小学３年生～小学５年生」

イラストの参考文献
・学研の図鑑「動物」「植物」
・小学館「２１世紀こども百科」「いきもの探検大図鑑」
・世界文化社「新ちきゅう大図鑑」
と、各教科書の文意を参考に作成しました。

短文・長文・PISA型の力がつく
まるごと読解力　説明文・詩　小学３年

２００８年４月２日　第１刷発行
２０１０年１月１日　第２刷発行

著者　　　　：堀越 じゅん　羽田 純一　原田 善造　平田 庄三郎　　他４名による共著
企画・編集　：原田 善造
ｲﾗｽﾄ　　　　：山口 亜耶

発行者：岸本 なおこ
発行所：喜楽研（わかる喜び学ぶ楽しさを創造する教育研究所）
〒604-0827 京都府京都市中京区高倉通二条下ル瓦町543-1
TEL075-213-7701　FAX075-213-7706
印刷：株式会社イチダ写真製版

ISBN：978-4-86277-020-2　★　　Printed in Japan